Visões
e
êxtases

H.D.
Visões e êxtases
Título original
Visions and ecstasies
Tradução, organização
e notas
Camila de Moura
Preparação
Silvia Massimini Felix
Revisão
Andrea Stahel
Projeto gráfico
Catherine Barluet

Direção editorial
Pedro Fonseca
Direção de arte
Daniella Domingues
Coordenação
de comunicação
Amabile Barel
Redação
Andrea Stahel
Designer assistente
Gabriela Forjaz
Conselho editorial
Lucas Mendes

Primeira edição
© Editora Âyiné, 2025
Praça Carlos Chagas
Belo Horizonte
30170-140
ayine.com.br
info@ayine.com.br

Isbn 978-65-5998-171-7

Visões
e
êxtases

H.D.

Sumário

9 Introdução

19 Notas sobre pensamento e visão
51 A sábia Safo
63 O povo de Esparta
71 De Mégara a Corinto
79 Um poeta na vastidão selvagem: canções de Anacreonte
85 Tomilho crespo

89 Posfácio
93 Notas

Aquelas colunas, sob o sol grego,
eram tão genuinamente novas
H.D.

Introdução

A novidade fulgurante de H.D.
por Camila de Moura

Conheci Hilda Doolittle numa livraria especializada em livros em inglês nos arredores da avenida Karl Marx, em Berlim. Eu visitava uma amiga na cidade durante as férias do meu último ano no bacharelado em grego antigo, que concluiria a duras penas. Eu estava sedenta por exemplos de mulheres que tivessem provado da mesma paixão que eu sentia por aquela matéria, mas que eu me debatia para conectar à minha própria experiência. Eu temia que não fosse possível desejar tanto e dedicar uma parte tão grande da minha vida aos «clássicos». Eu temia não ser suficientemente comedida, disciplinada, austera, bem penteada para aquele ofício. *Medèn ágan*, «nada em excesso», era a prescrição do oráculo de Delfos. Aos 25 anos, eu me sentia muito distante de compreender o sentido daquela sentença, encantada como estava pelo brio de Clitemnestra. Foi quando tive em mãos pela primeira vez o calhamaço dos *Collected Poems* assinados por H.D., pseudônimo que segundo consta lhe foi sugerido por Ezra Pound para evitar o duplo sentido do sobrenome em inglês – «Doolittle» como em «do little», «fazer pouco». Nada menos afim à sua sina, é o que pareciam me dizer seus olhos de pássaro na capa brilhante daquele livro imenso.

Foi ali, sentada no chão do lado oposto à seção de best-sellers, que eu li pela primeira vez a tradução de H.D. para um coro da *Hécuba* de Eurípides. A leitura me arrebatou de tal maneira que eu não pude mais permanecer sentada e comecei a andar de um lado para o outro dentro da livraria com o livro nas mãos. Aquela devia ser a tradução mais inspirada que eu já havia lido para qualquer passagem de qualquer tragédia grega – e continua a sê-lo ainda hoje, quase dez anos e milhares de leituras mais tarde, mas dizer isso ainda é pouco. O coro de Eurípides recriado em verso livre por H.D. me fez vislumbrar como nunca a dimensão viva e retumbante da poesia grega. Curioso efeito lunar. Foi por meio daqueles versos infiéis que senti meus cílios tremerem com o lamento das mulheres troianas perguntando ao vento para onde seriam levadas como escravas, com palavras comoventes de tão claras, que transcrevo de cor: «*Wind of the sea,/ O where,/ where,/ where,/ through the salt and spray,/ do you bear me/ in misery?*».[1]

A partir daquele instante, os livros de H.D. cobraram para mim uma qualidade quase mística, de acesso a uma realidade sagrada. Sua obra não revelou uma poeta *interessada* na Antiguidade grega, muito menos uma especialista. Doolittle *encarnava* essa Antiguidade, tomava-a por matéria viva, infundia-a de sangue e graça. Seus primeiros poemas publicados, conforme conta Eileen Gregory, eram traduções da *Antologia Grega*,[2] e desde *Sea Garden* [«Jardim do mar»], de 1916, até o tardio *Hermetic Definition* [«Definição hermética»], publicado em 1971, os temas, paisagens e imagens da Hélade seriam para

---

1 H.D., «Sea-Choros from *Hecuba*». In: H.D., *Collected Poems 1912-1944*. Nova York: New Directions, 1983.
2 Eileen Gregory, «H.D. and translation». In: Nephie Christodoulides e Polina Mackay (Ed.), *The Cambridge Companion to H.D.* Cambridge: Cambridge University Press, 2011.

ela matéria não exclusiva, mas perene. Na aurora do século xx, a poeta trabalhava em conferir voz e estatura a personagens silenciadas ou mal dignificadas pela tradição, manejando as narrativas míticas com a liberdade dos antigos tragediógrafos, que as recriavam segundo seus próprios desígnios artísticos. Nesse esforço, traduções de autores gregos embaralham-se com poemas de sua plena lavra em edições ambiciosas e formalmente arrojadas, como *Hymen* [«Hímen», divindade grega do casamento], de 1921, e o emblemático *Helen in Egypt* [«Helena no Egito»], de 1961. Nesse longo e complexo poema com interlúdios em prosa, H.D. revisita a variante do mito segundo a qual Helena jamais teria posto os pés em Troia, registrada na *Palinódia* de Estesícoro (séculos VII-VI a.C.) e na *Helena* de Eurípides (século V a.C.).

Anos mais tarde, quando me deparei com os textos que compõem o presente volume, soube imediatamente que devia traduzi-los. Nestes seis «ensaios poéticos», como os venho chamando, H.D. não apenas refere sua convivência peculiar com Meleagro de Gadara, Safo, Teócrito, Pausânias e Anacreonte, como explora em minucioso detalhe a prática de criação e leitura que deriva dessa convivência, e da convivência com Da Vinci, Boccacio, Jesus de Nazaré e a poesia chinesa, alçados todos ao mesmo patamar. Neles, H.D. responde diretamente aos críticos que buscam ver em sua paixão um simples escapismo: «Não estou fugindo para um santuário além das vigas mortas do passado [...] Penso em mim mesma, ao contrário, como alguém além da moda, ultramoderna».[3] O que a poeta afirma buscar nos antigos, como diz a respeito de Safo, é um «reino inexplorado de realizações artísticas futuras».

«Notas sobre pensamento e visão» é um caso especial

---

3   Em «Um poeta na vastidão selvagem», p. 79.

no conjunto. Segundo Michael Green, esse texto «é uma das poucas meditações acabadas da autora sobre estética e o processo criativo».[4] Nele, H.D. discorre sobre um estado especial da consciência humana, a «consciência da mente superior» – os termos utilizados derivam da teosofia e da psicanálise, e vão sendo progressivamente revisados e esclarecidos ao longo do texto. Por meio dessa consciência, artistas, sábios e santos acessam um mundo depurado de imagens, manancial espiritual e criativo do qual nascem as estátuas imortais, os evangelhos e as canções. Porém, para atingir a consciência da mente superior, segundo H.D., não é possível desprezar o corpo. Em sua afirmação radical da sensualidade e no destaque dado ao corpo físico como elemento imprescindível para o desenvolvimento artístico e espiritual, aproxima-se de D.H. Lawrence, escritor com quem conviveu intimamente. H.D., porém, parece ir além do sensualismo de Lawrence, pois considera o útero, ou a «região erótica» correspondente do corpo, um centro de consciência tão importante quanto o cérebro, implicando-o diretamente na atividade criativa e desafiando uma binaridade limitante.[5] Uma passagem do seu romance *Bid Me to Live* costuma ser citada para ilustrar suas discordâncias com Lawrence, que levariam ao rompimento de uma relação de intensa amizade e identificação: «que importância tinha Rico [personagem associada a Lawrence], com seu fluxo sanguíneo, suas fixações sexuais, seu homem-é-homem, mulher-é-mulher? Isso não era verdade. Esse estado, esse reino da consciência, era desprovido de sexo ou era todo o sexo».[6]

---

4   Michael Green, «Old Forms, New Environments». In: H.D., *Visions and Ecstasies*. Nova York: David Zwirner Books, 2019.
5   Ver o posfácio de Reuben da Rocha ao presente volume, p. 79.
6   H.D., *Bid Me to Live: a Madrigal*. Redding Ridge: Black Swan Books, 1983, p. 62.

Em «Notas sobre pensamento e visão», H.D. apresenta um método de vidência que será de alguma forma posto em prática nos textos seguintes. Isso fica especialmente claro na maneira como as imagens são evocadas em «De Mégara a Corinto», um verdadeiro voo onírico através das paragens descritas por Pausânias (século II a.C.),[7] trazendo à vida florestas calcinadas e erguendo do solo edifícios arruinados pelo tempo: «Não sou capaz (...) de *visualizar* esse templo», «o que *vemos* são os próprios heróis». De forma semelhante, em «Tomilho crespo», a narradora penetra a terra com seu olhar, revolvendo o solo aos pés do pastor de Teócrito numa operação simultaneamente poética e alquímica. Em «A sábia Safo», H.D. reimagina os fragmentos da poeta como cenas tangíveis, mobilizando uma tradição crítica milenar. Diante da indiferença dos deuses em «Um poeta na vastidão selvagem», descreve o ato de leitura do qual nasce sua escrita, implicando nele seu corpo. Aqui e ali se insinua no tempo presente a vida da poeta, que não se furta jamais à própria corporeidade.

Trata-se, a meu ver, de um dos momentos mais altos da obra de H.D., tanto pela beleza incrivelmente depurada desses textos quanto por sua densidade e refinamento intelectuais. Neles estão amalgamados todos os elementos mais vibrantes de sua poesia, a serviço de uma profunda exploração do processo criativo e dos motivos que mobilizam sua obra. Uma verdadeira «ontogênese da obra de arte», com passagens exortativas, aforismáticas, oníricas e filosóficas. Experimentos limítrofes, como tantos de seus livros.

---

7 Autor da *Descrição da Grécia*, livro de viagens em dez volumes que percorre diferentes regiões do mundo grego, começando pela Ática, onde se situa Atenas, a região de Corinto e a Lacônia, onde se situa Esparta. Os livros 2 e 3 dessa obra servem de base para dois dos ensaios aqui reunidos, «O povo de Esparta» e «De Mégara a Corinto».

Experimental foi também a vida de H.D., nascida em Bethlehem, no estado da Pensilvânia, Estados Unidos, em 1886. Seu pai era um professor de astronomia, e sua mãe, uma artista plástica de nome Helen («Helena») Doolittle, cuja família integrava a comunidade da Igreja Morávia. De sua rápida passagem pelo Bryn Mawr College, onde ingressou em 1905 e que abandonou em 1906, ficaram o amor pelas letras clássicas e amizades como a da poeta Frances Josepha Gregg, com quem manteve uma breve, porém significativa ligação amorosa. Em 1911, muda-se para a Europa e é introduzida por Ezra Pound aos círculos literários de Inglaterra e França. Junto ao poeta Richard Aldington, com quem se casaria, começa a estudar grego antigo no Museu Britânico, e em 1912 participa da fundação do Movimento Imagista, cujas premissas (concisão, clareza, riqueza imagética, exploração do verso livre) baseiam-se sobretudo nos poemas escritos por H.D. do início dos anos 1910 e divulgados com notório entusiasmo por Pound, que se empenhou pessoalmente em sua publicação. Contudo, em que pese o excessivo destaque geralmente conferido ao seu envolvimento com outros escritores, a poeta traçou um caminho próprio e nada convencional.

A Primeira Guerra foi profundamente traumática para H.D., que perdeu o irmão no conflito e o pai com o choque provocado pela morte do irmão. Além disso, o relacionamento com Aldington, que já enfrentava graves provações, tornou-se insustentável depois de seu regresso do front. Embora ambos mantivessem relações extraconjugais consensuais, o fato de Doolittle ter engravidado durante a ausência de Aldington parece ter resultado em altercações e ameaças violentas. Além disso, durante a gravidez, H.D. contrai a letal gripe espanhola e recebe um prognóstico desolador, que acaba não se confirmando e Frances Perdita nasce em 1919. H.D. refere-se a esse ano em suas memórias como uma verdadeira «morte psíquica», da qual não se recuperaria senão muito depois. Décadas mais tarde, escreve sobre o período o volume *Bid Me to Live* [«Faz-me viver»], publicado em 1960, pouco antes de sua morte.

No ínterim de sua separação, conhece aquela que seria sua companheira por toda a vida, a escritora e cineasta Bryher, que parte com H.D. e sua filha numa série de viagens que restaurariam a saúde da poeta e renovariam sua atividade criativa e literária. Em julho de 1919, as três rumam para as paradisíacas ilhas Scilly, a sudoeste da Cornualha, onde, inspirada pelas águas-vivas que abundavam naqueles mares, H.D. começa a simbolizar os estados de consciência que descreve em «Notas sobre pensamento e visão».[8] Segue-se a esta uma viagem à Grécia em 1920, uma breve passagem pelos Estados Unidos no fim desse mesmo ano, além de temporadas na Inglaterra, França e Suíça. Em 1922 e 1923, respectivamente, voltam à Grécia e conhecem o Egito. É nesse período curto, porém intenso, de movimento, cura e renovação, que H.D. escreve os primeiros rascunhos destes ensaios, que aludem diretamente às circunstâncias biográficas em que foram produzidos.

Os textos aqui reunidos são, portanto, textos de liberação. Eles sobrevivem, como as canções e os relatos antigos que H.D. percorre com tanto fervor, num punhado de manuscritos, que foram incorporados à biblioteca da Universidade de Yale. Foram utilizadas duas edições de referência: H.D., *Notes on Thought and Vision*. São Francisco: City Lights, 1982; e H.D., *Visions and Ecstasies*. Nova York: David Zwirner Books, 2019. Desta última, trouxe também o título, já que não pude

---

8   Em *Tribute to Freud* [publicado no Brasil com o título *Por amor a Freud*. Rio de Janeiro: Jorge Zahar, 2012.], H.D. conta que Bryher foi quem primeiro associou suas visões à forma das águas-vivas.

imaginar outro tão perfeito para o conjunto. Salvo «Notas sobre pensamento e visão», os demais textos integrariam um volume maior idealizado por H.D., *Notes on Euripides, Pausanias, and Greek Lyric Poets*. [«Notas sobre Eurípides, Pausânias e poetas líricos gregos»], preservado numa cópia datilografada. Como não foram publicados em vida, há uma série de imprecisões da autora (deliberadas ou não) que foram indicadas por mim em notas de fim, a meu ver menos agressivas que as notas de rodapé para uma leitura desse tipo, que não admite muitas interrupções. As demais notas trazem os textos de referência utilizados pela poeta e outras informações consideradas relevantes para a leitura.

As razões por que H.D. não chegou a editar estes ensaios não são claras, mas a sua reticência em relação ao pensamento acadêmico e aos teóricos da arte, «erínias coroadas de serpentes», pode oferecer uma pista. Soma-se a isso sua reserva em publicar textos de cunho estritamente pessoal, conforme atesta seu amigo e editor Norman Holmes Pearson numa entrevista de 1969: «H.D. escreve os poemas mais intensamente pessoais usando o mito grego como metáfora. Ou seja, ela pode dizer essas coisas sobre si melhor e de forma mais franca usando esses outros dispositivos do que se dissesse simplesmente 'eu, eu, eu'. Dizer 'Helena' é, na realidade, libertar a si própria».[9] Um traço curioso numa escritora que deixou tantos livros explícita ou implicitamente biográficos, como *HERmione*, os mencionados *Bid Me to Live* e *Tribute to Freud*, *End of the Torment* [«Fim do tormento», sobre sua relação com Pound], *The Gift* [«O presente», sobre a infância], e tantos outros. Contudo, embora tenha se dedicado a eles durante toda a vida,

---

9   Norman Holmes Pearson e L. S. Dembo, «Normal Holmes Pearson on H.D.: An Interview», *Contemporary Literature*, 10, 4, 1969, pp. 435-46.

a maioria só veio a lume depois de sua morte em 1961, ou em seus últimos anos de vida: a publicação de HERmione data de 1981, a de *Tribute to Freud*, de 1956, a de *The Gift*, de 1982 – mesmo ano da primeira edição de «Notas sobre pensamento e visão» e «A sábia Safo» pela City Lights.

H.D. parecia intuir que sua vida falaria diretamente aos anseios de gerações vindouras, e dela deixou seu testemunho múltiplo, que não cessará de ser redescoberto. Nos textos que se seguem, a autora apresenta uma arte poética de corpo inteiro – equívoca e telúrica. Que a plenitude de sua entrega possa ser um antídoto contra a pressa devoradora do presente, e suas palavras, como as de sua «sábia Safo», uma ilha onde o viajante cansado se detém para sonhar com belezas futuras.

Notas sobre pensamento e visão

Três estados ou manifestações da vida: corpo, mente e mente superior. O objetivo de homens e mulheres no mais alto grau de desenvolvimento é o equilíbrio, o balanço e o crescimento simultâneo dos três; o cérebro sem a força física é uma manifestação de fraqueza, uma doença comparável a um câncer ou a um tumor; o corpo sem uma quantidade razoável de intelecto é um emaranhado vazio e fibroso de glândulas, tão feio e pouco desejável quanto um corpo com alguma forma de elefantíase ou degeneração adiposa; a mente superior sem o equilíbrio dos outros dois é a loucura, e uma pessoa tão desenvolvida deveria inspirar tanto respeito quanto um maníaco sensato, não mais.

*

Todo homem e mulher racional, normal, são e equilibrado necessita e busca, em certos momentos da vida, certo tipo de relações físicas. Homens e mulheres de temperamento forte, músicos, cientistas e artistas em especial, precisam dessas relações para desenvolver e trazer à tona seu talento. Negar o desejo e não se esforçar para crescer de acordo com essas tendências físicas naturais é algo que incapacita e depaupera o ser. Evitar, negar e menosprezar tais experiências equivale a enterrar cuidadosamente o próprio talento num guardanapo.

H.D.

*

Quando um cientista criativo, um artista ou um filósofo está há muitas horas ou dias absorto em seu trabalho, sua mente adquire com frequência um caráter quase físico. Ou seja, sua mente se torna seu verdadeiro corpo. E sua mente superior se torna seu cérebro.

Quando Leonardo da Vinci trabalhava, seu cérebro era Leonardo; a personalidade, Leonardo da Vinci. Ele via o rosto de muitas de suas crianças, bebês e donzelas nitidamente com sua mente superior. A *Virgem das Rochas* não é uma imagem. É uma janela. Olhamos através dessa janela para o mundo da mente superior em estado puro.

*

No meu caso, se eu pudesse visualizar ou descrever a mente superior, eu diria: sinto como se eu tivesse um gorro sobre a cabeça, um gorro de consciência, cobrindo a testa, afetando um pouco os olhos. Às vezes, quando estou nesse estado, as coisas ao meu redor parecem levemente borradas, como se vistas debaixo d'água.

Coisas comuns nunca se tornam exatamente irreais ou desproporcionais. Trata-se de um simples esforço para reajustar, focar, aparentemente um ligeiro esforço físico.

*

Essa mente superior se assemelha a um gorro, como a água, transparente, fluida e, no entanto, com um corpo definido, contida num espaço definido. Como uma alga marinha, uma água-viva ou uma anêmona fechadas em si.

Dentro da mente superior, os pensamentos passam e são visíveis como peixes nadando em águas claras.

*

A oscilação da consciência normal para a consciência alterada é acompanhada pelo desconforto gritante da agonia mental.

*

Eu diria – para continuar com a metáfora da água-viva – que longos sensores desciam e atravessavam meu corpo, e que eles estavam para o sistema nervoso como a mente superior está para o cérebro ou o intelecto.

Há, portanto, um conjunto de sensações superiores. Essas sensações se alongam para fora de nós e ao nosso redor; como os longos tentáculos flutuantes da água-viva se estendem para fora de si e ao seu redor. Eles não são feitos de um material distinto, estranho, como os braços e pernas físicos, separados da massa cinzenta do cérebro diretor. Os sensores superiores são parte da mente superior, como os sensores da água-viva são a própria água-viva prolongada em filamentos finíssimos.

Percebi pela primeira vez esse estado de consciência na minha cabeça. Agora, também posso visualizá-lo centrado na região erótica do corpo ou dentro do corpo como um feto.

O centro da consciência pode estar no cérebro ou na região erótica do corpo.

*

Será mais fácil para uma mulher do que para um homem atingir esse estado de consciência?

Para mim, foi antes do nascimento de minha filha que essa consciência feito água-viva pareceu adentrar de forma definitiva o campo ou o reino do intelecto ou do cérebro.

*

Será que esses estados de consciência semelhantes a águas-vivas são intercambiáveis? Deveríamos ser capazes de pensar com o útero e sentir com o cérebro?

Será que essa consciência pode estar inteiramente centrada no cérebro ou no útero, ou na região erótica correspondente do corpo masculino?

*

A visão é de dois tipos – visão uterina e visão cerebral. Na visão cerebral, a região da consciência está situada acima e ao redor da cabeça; quando o centro de consciência se desloca e a água-viva passa para o corpo (visualizo isso, no meu caso, deitada sobre o lado esquerdo, com os transmissores ou sensores flutuando para cima na direção do cérebro), temos as visões uterinas ou visões do amor.

Quase todos os sonhos e visões ordinárias são visões uterinas.

O cérebro e o útero são centros de consciência igualmente importantes.

*

A maioria dos que hoje se dizem artistas perdeu a capacidade de usar o cérebro. Não há maneira de alcançar a mente superior a não ser através do intelecto. Tentar alcançar o mundo de visão da mente superior por outro caminho é ser como o ladrão que pula o cercado das ovelhas.[1]

Acredito que na próxima geração haverá alguns artistas que conhecerão o segredo para usar suas mentes superiores.

*

Os artistas da mente superior geralmente vêm em grupos. Houve os grandes italianos: Verrocchio, Angelo, Ghiberti, a turma que veio antes e depois de Da Vinci, incluindo estadistas, exploradores, homens e mulheres de desenvolvimento curioso e sensível.

Houve o grande grupo ateniense: os dramaturgos, Sócrates, os artífices, homens e mulheres, seus discípulos e amantes.

*

Não pode haver um grande período artístico sem grandes amantes.

*

A doutrina da visão de Sócrates é toda ela uma doutrina do amor.

É preciso estar «enamorado» para ser capaz de entender os mistérios da visão.

O amante deve escolher alguém com o mesmo tipo de mente que a sua, um músico, um músico, um cientista, um cientista, um general, um jovem também ele interessado na teoria e prática dos armamentos e exércitos.

Começamos com a simpatia do pensamento.

As mentes dos dois amantes se fundem, interagem pela simpatia do pensamento.

O cérebro, inflamado e excitado por esse intercâmbio de ideias, assume seu caráter de mente superior, tornando-se (como visualizei no meu caso) uma água-viva, situada acima e ao redor do cérebro.

A região erótica é excitada pela aparência ou pela beleza do amado, e sua energia não se dissipa na relação física, assumindo seu caráter de mente, tornando-se esse cérebro uterino ou esse cérebro erótico que visualizei como uma água-viva *dentro* do meu corpo.

Tanto o cérebro erótico quanto o cérebro superior têm a capacidade do pensamento. Tal pensamento é a visão.

*

Todos os homens têm chances de desenvolver essa visão.

A mente superior é como a lente de um binóculo de teatro. Quando somos capazes de usar a lente da mente superior, o mundo da visão se abre inteiramente para nós.

Eu disse que a mente superior é uma lente. Devo dizer, mais especificamente, que a mente erótica e a mente superior são duas lentes. Quando essas lentes estão ajustadas e focadas de maneira adequada, elas trazem o mundo da visão para a consciência. As duas operam separadamente e percebem separadamente, no entanto formam uma única imagem.

*

O místico, o filósofo, compraz-se em contemplar, examinar essas imagens. O dramaturgo ático as reproduzia para os homens de menor talento ou aptidão diversa. Ele sabia o tempo todo que essas ideias não eram suas. Eram ideias eternas, imutáveis, às quais ele havia atentado, dramas já concebidos aos quais ele havia assistido; a memória é a mãe, é quem engendra todo drama, ideia, música, ciência ou canção.

*

Podemos adentrar o mundo da consciência superior diretamente, por meio do uso de nosso cérebro superior. Podemos adentrá-lo indiretamente, de inúmeras maneiras. Cada pessoa deve descobrir sua própria maneira.

Certas palavras e versos dos coros áticos, qualquer traço dos desenhos de Da Vinci, o auriga de Delfos, têm sobre mim um efeito preciso, hipnótico.[2] São, para mim, entradas claras e diretas para a consciência do mundo superior, mas meu plano de ação, meus sinalizadores, não são iguais aos seus.

*

Meus sinalizadores não são os mesmos que os seus, mas, ao desbravar meu próprio caminho, isso poderá ajudá-lo a ganhar confiança e exortá-lo a emergir da lama deste mundo velho, velho e morto, mil vezes explorado, o mundo morto das emoções e pensamentos repisados.

Contudo, o mundo dos grandes artistas criativos nunca morre. As novas escolas de teóricos da arte destrutivos estão no caminho errado. Pois Leonardo e sua estirpe nunca ficam velhos, nunca morrem. Seu mundo permanece inexplorado; ou melhor, mal foi adentrado. Pois é preciso uma mente superior ou um breve lampejo da inteligência da mente superior para compreender essa mesma inteligência.

*

Como eu disse, o auriga de Delfos tem sobre mim um efeito quase hipnótico: a curvatura do braço, o corte cinzelado do queixo; os pés um tanto chatos, levemente separados, um pedestal firme todo seu; o caimento do drapeado, de uma precisão geométrica; e os ângulos da junção do drapeado na cintura.

Nada disso é fruto da «inspiração», e sim do mais puro e árduo trabalho cerebral.

Essa figura foi criada por uma fórmula a que se chegou consciente ou inconscientemente.

Se tivéssemos o tipo certo de cérebro, receberíamos uma mensagem definida dessa figura, como pontos e linhas captados por uma estação receptora, recebidos e traduzidos em pensamento concreto por outro centro telegráfico.

Não há qualquer problema com a arte. Existe beleza suficiente no mundo da arte, beleza suficiente nos fragmentos e no auriga de Delfos, preservado quase que perfeitamente, para reconstruir o mundo inteiro.

Não há qualquer problema com a arte, o que queremos são apreciadores. Queremos que rapazes e moças se comuniquem com o auriga e seus semelhantes.

Queremos centros receptores para pontos e travessões.

*

Dizem que Da Vinci ficava louco quando via o rosto de um menino em Florença ou um pássaro na gaiola ou uma criança de cabelos amarelos caindo ou erguidos num redemoinho firme como o trabalho de ourivesaria que aprendera com Verrochio. Da Vinci ficava louco pois as linhas do dorso do pássaro ou dos ombros do menino ou dos cabelos da criança agiam sobre ele diretamente, como as linhas de uma estátua como a do auriga agiriam sobre nós se tivéssemos o tipo certo de cérebro para recebê-las.

*

Duas ou três pessoas com corpos saudáveis e o tipo certo de cérebro para recebê-las poderiam desviar toda a torrente do pensamento humano, poderiam lançar relâmpagos de potência elétrica que rasgariam o céu e destruiriam o mundo do pensamento morto e lamacento.

Duas ou três pessoas reunidas em nome da verdade, da beleza, da consciência da mente superior, poderiam trazer de volta para o mundo a enorme força dessa potência.

*

É verdade que, no ano 361 d.C., o galileu[3] triunfou em Delfos.[4] Isso aconteceu porque a mente helênica havia perdido inteiramente o segredo dos pontos e travessões. A força elétrica das linhas e ângulos do corpo sacerdotal do auriga ainda emitiam sua mensagem, mas não havia mais ninguém para recebê-la.

O galileu triunfou porque era um grande artista, como Da Vinci.

Uma cesta de peixes virada na areia, uma vela num candelabro ou uma moeda romana gravada não sem beleza com a cabeça de um rei podiam excitá-lo e dar-lhe ideias, como o pássaro ou o rosto do menino ou os cabelos amarelos da criança davam ideias a Da Vinci.

*

O galileu apaixonou-se igualmente pelas coisas e pelas pessoas. Apaixonava-se por uma gaivota, ou por uma garça-do-lago que decolava como uma flecha da grama irregular do lago, enquanto Pedro saltava de seu enorme barco para arrastá-lo à terra, ou pelos singelos passarinhos de dorso salpicado comprados no mercado pelos judeus pobres. Então, ele olhava para Pedro com sua grande e arcaica cabeça, para Judas com seus olhos intensos, e exclamava de repente: «Porém seus rostos, seus rostos são mais belos, mais carregados de ideias, de linhas que sugerem e me põem em contato com o mundo do pensamento superior, do que milhares e milhares de pardais.»

*

Ele observava por horas a fio a estrela-de-belém azul e o lírio-das-praias vermelho-amarronzado que cresciam sob a proteção dos cálidos bancos de areia no inverno do Sul. Quando fechava os olhos, podia ver cada veio e cada mancha azul ou carmesim. Ele respirava aquela fragrância misturada ao vento e ao sal. E descansava por dias ao longo da costa dos lagos marinhos.

Depois, na cidade, alguma tragédia ocorria e ele botava todos os amigos e parentes chorosos para fora. Ele se zangava, olhando para o rosto da garotinha, de que ela estivesse cercada por tamanha feiura. Ele a olhava longamente por conta da beleza de seu narizinho reto, suas pálpebras, os cabelos presos como algas marinhas ao crânio pequeno e delicado, as mãos muito brancas. Teria gostado de ficar olhando para ela por muitas horas, como para a estrela-de-belém azul, mas temia que eles voltassem de repente, forçando as portas com suas roupas escuras e pesadas e suas vozes hediondas. Então disse, «Filha, eu te digo, levanta-te».[5]

*

O primeiro estágio dos mistérios de Elêusis tinha que ver com o sexo. Num aposento grande estavam dispostas imagens, mármores coloridos, cerâmicas marrons pintadas de vermelho e carmesim, imagens de barro colorido ou de argila. Os candidatos à admissão nos mistérios eram conduzidos pelo aposento por um sacerdote, ou caminhavam a esmo, como a multidão que passeia pela câmara pornográfica do museu de Nápoles.[6]

Era bem fácil julgá-los com base em sua atitude, fosse ela a do bruto frenesi animal ou a de um desinteresse hipócrita.

A multidão que alcançava o segundo aposento já era distinta, mais sensível, mais apurada. Eles correspondiam a certos tipos de intelectuais do nosso tempo. Interessavam-se por aquilo porque era *a* coisa por que se interessar – e para demonstrar sua superioridade.

Aqueles que atravessassem em segurança o mero estágio animal e o estágio intelectual, eram deixados a sós num aposento minúsculo para que fizessem essa constatação por si mesmos.

*

Aquele que quiser poderá atravessar esses estágios hoje com a mesma facilidade que os candidatos de Elêusis nos arrabaldes de Atenas, no século v a.C.

Há muita literatura pornográfica interessante e divertida.

Se você não for capaz de se entreter e aprender com Boccaccio, Rabelais, Montaigne, Sterne, Middleton, de Gourmont e de Régnier, há algo de errado com você fisicamente.

Se você não for capaz de ler essas pessoas e sentir prazer, você não está pronto para o primeiro estágio da iniciação.

*

H.D.

Se você, ao contrário, lê essas pessoas e sente prazer, prazer de verdade, com seu corpo, pois você tem um corpo normal e saudável, então talvez você esteja pronto para o segundo estágio da iniciação.

Você é capaz de olhar para as coisas com seu intelecto, com seu cérebro inteiro.

*

Se seu cérebro não for capaz, cientificamente, de suportar a tensão de acompanhar essas linhas de pensamento, ou se você não for equilibrado e são o suficiente para encará-las com certo grau de distanciamento, você obviamente não está pronto para experimentar com a consciência da mente superior.

*

Sócrates disse, «Há muitos portadores de tirso, porém poucos inspirados».[7] Por «portadores de tirso», ele queria dizer pessoas que haviam passado pelos dois primeiros estágios dos mistérios de Elêusis. Hoje, chamamos de portadores de tirso pessoas inteligentes e de desenvolvimento normal, que observam os fatos da vida cientificamente e com certo grau de apreciação artística.

Há, hoje, muitos portadores de tirso, porém poucos inspirados.

*

É preciso compreender uma sabedoria menor antes de compreender uma maior. É preciso entender Eurípides antes de entender Aristófanes. No entanto, para compreender o esterco quimicamente e espiritualmente com o sentido da terra, é preciso primeiro compreender a textura – espiritual, química e terrosa – da rosa que dele cresce.

Eurípides é uma rosa branca, lírico, feminino, um espírito. Aristófanes é um sátiro.

O sátiro é maior ou menor que a rosa branca que ele envolve? A terra é maior ou menor que a rosa branca que ela gera? O esterco é mais ou menos que a rosa?

*

As flores estão feitas para seduzir os sentidos: fragrância, forma, cor.

Se você não é capaz de ser seduzido pela beleza, jamais conquistará a sabedoria da feiura.

*

Zeus Endendros – Deus numa árvore; *Dioniso Anthios*, Deus numa flor; *Zeus Melios*, Deus na terra negra, morte, disrupção, desintegração; *Dioniso Zagreu*, a flor partida, decomposta pelo processo químico da morte, veio, folha, textura – superfície lúcida e branca do lírio, cortada por veios negros – carne branca de lírio, maculada, ressequida.[8] «Eu, Laís, deito meu espelho aos teus pés, ó Páfia – lembro e não ouso recordar. Existe algum mistério além de teus braços brancos, Afrogênia?[9] Existe beleza maior que o galho branco de pereira que irrompe, tão branco contra o céu negro e tempestuoso de abril que o próprio Zeus desperta de sua meditação sagrada para dirigir seu olhar do Olimpo às paragens áticas? Ele olha para baixo e te vê, galho branco. Ele está irado, pois contra este céu você é mais branco do que a paixão de seu membro. Por isso mandou um raio para fulminá-la, ó árvore. Desde então nenhum homem pode proferir teu nome, ó deusa. Porém, nós sabemos que há um mistério maior do que a beleza, e esse mistério é a morte.»

*

O mormaço, o cheiro acre das coisas, o marasmo indizível de tudo, que sina, Meleagro de Gadara;[10] um pai judeu, uma mãe grega. Que deus dos hebreus, que demônio das ilhas presidiu esse nascimento ominoso? Heliodora, Zenófila, quem foram elas além de nomes?[11] Prostitutas gregas – marcadas a ferro e fogo por comerciantes sírios e mercadores judeus. O cheiro acre – a poeira, Meleagro de Gadara – que sina.

Não há vento e o oceano se estende como um papiro morto cortado pelos símbolos do diabo – a escritura hebraica que ele morreria para esquecer – a língua que ele morreria para esquecer – mas ao morrer esqueceria também aquelas outras palavras – douradas – pura luz dourada – potentes, encantamentos que conduziam cada um a um mundo cheio de flores frias.

Heliodora, Zenófila – não foram hetairas gregas.

Flores?

As rosas que ele tocou aquela manhã – o menino das docas – saído de um barco, molhado do mar ao redor das ilhas. No entanto, os cachos molhados do menino recendiam a peixe salgado, e suas rosas já estavam podres – fétidas – e ele mergulhara seus caules estriados em mirra barata para enganar as Heliodoras deste mundo com suas esparsas [...]

Deuses, igualmente mortos, de gregos e hebreus. Que diabo enviara esse suíno, esse porco, para plantar os dois pés na soleira da porta e olhar para dentro? Vozes e gritos. Ele jamais teria paz aquele dia pois o ramo dourado da Tábua divina não cessava de brilhar com sua luz própria.[12]

Um porco na soleira da porta.

Viver com a mente de um poeta numa favela de Gadara. Meleagro – que *daimon* das ilhas esteve presente em seu nascimento ominoso?

Viver com a mente de um poeta numa favela de Gadara ou viver com judeus majestosos, amigos de seu pai – um mercador respeitado – novamente seu pai – nos palácios de príncipes sírios.

Não havia escolha – *apenas um porco na soleira da porta*.

Para trás, porco! Terei de sacrificar a escritura da Tábua de ouro e atirá-la contra o porco?

Haveria, afinal, um uso melhor para a escritura pretensiosa, altissonante da Tábua?

Ele ignora a escritura, exceto para revirá-la com seu focinho. Que demônio o possui?

Tome então meu pé gadareno.

Uma horda deles nas ruas.

Para além da poeira sufocante, alguém está gritando. Uma voz, mais portentosa do que a escrita da Tábua de ouro. Também ela fala em grego.

«Que adentres o mar.»[13]

Louvados sejam todos os deuses gregos e hebreus, eles se foram.

A multidão de vândalos de sempre – e um rapaz que não parava de rir.

*

Um estranho com ares de príncipe e seu pai, também judeu. Que mãos tão frias na despedida.

Além das Zenófilas deste mundo há outra Zenófila; além das Heliodoras, outra Heliodora; além das rosas úmidas, cálidas e murchas, outras rosas.

Um estranho com ares de príncipe e um poeta.

Eu lhe dedicaria uma oferenda, pois seu cenho era mais magnânimo (embora seu pai não fosse nenhum grego) do que Hermes de Cilene.

Eu ataria narciso a narciso. Trançaria violeta vermelha com violeta branca. Quebraria uma rosa para você, mais vermelha que o ciclâmen vinhoso. Trançaria o caule do açafrão ao do jacinto selvagem, para que cada um fosse menos encantador sobre teu cenho, Hermes de Cilene.

*

Em termos de uma consciência do mundo, o Egito é o ato do amor. A Hélade é a criança recém-nascida.

O segredo da esfinge é o segredo do conhecimento. O segredo do centauro é o segredo da sensação.

A esfinge sabe tudo. O centauro sente tudo.

*

Três mundos.
1. Mundo da abstração: Hélio, Atena.
2. Mundo intermediário ou natural: Pã, as náiades.
3. Mundo dos homens e mulheres não iniciados.

Todos esses mundos são importantes, igualmente importantes, mas nós somos importantes apenas na medida em que nos identificamos com o que há de mais elevado em nós – «nosso próprio *daimon* familiar.»

*

Espíritos de mundos elevados têm acesso aos mundos inferiores. Atena pode aparecer para alguém no mundo imediatamente inferior. Ela pode ser a companheira de um semideus, mas tem de preservar sua dignidade, seu caráter olímpico. Atena fez isso à perfeição. Por isso os deuses aceitaram Odisseu e o inscreveram entre os semideuses e heróis.

Contudo, quando Ártemis arriscara perder sua posição por sua ligação com Órion, o gigante excessivamente grosseiro, este teve de ser assassinado.[14]

Entretanto, para que a hierarquia olímpica não ficasse desonrada por esse lapso de mau gosto, Órion foi posteriormente admitido entre as estrelas.

*

Era *de rigueur* que um deus do Olimpo não aparecesse diretamente a um mortal. Por isso Selene,[15] que fez esse pedido, ardeu em cinzas.

Entretanto, temos muitos registros de náiades, espíritos das árvores e dos rios, espíritos marinhos e vozes do mar e centauros mantendo relações sexuais amigáveis com mortais.

Também sabemos que Pã aparecia a quem estivesse em perigo ou em apuros, não apenas em sonhos, mas «visivelmente ao meio-dia».

Pã apareceu em Maratona antes dos gregos. E conheço pessoas hoje que tiveram visões com esse deus.

*

A consciência normal, as agruras do desconforto cotidiano, o ciúme e o desespero e as muitas formas de infelicidade que invariavelmente acompanham toda relação profunda e verdadeira, tudo isso pode ser simbolizado pelo cardo.

Há duas formas de escapar à dor e ao desespero da vida, e à do presente mais raro, mais sutil, perigoso e cativante que a vida nos pode dar, a relação com o outro – o amor.

Uma forma é matar esse amor em seu coração. Matar o amor – matar a vida.

A outra forma é aceitar esse amor, aceitar a armadilha, as agruras, o cardo.

Aceitar a vida – mas isso é perigoso.

Também é perigoso não aceitar a vida.

Todos os homens e mulheres do mundo, mais cedo ou mais tarde, de uma forma ou de outra, terão a chance de escolher.

Todos os homens e mulheres são livres para aceitar ou negar a vida – aceitar ou rejeitar esse presente questionável – esse cardo.

*

Estas notas, no entanto, ocupam-se em primeiro lugar do processo mental que é, de uma forma ou de outra, o complemento do processo vital.

Ou seja, esse cardo – a vida, o amor, o martírio – conduz, afinal – deve conduzir, segundo o curso lógico dos acontecimentos, à morte, ao paraíso, à paz.

Esse mundo da morte – isto é, da morte às aguilhoadas da vida, ou seja, a vida mais elevada – pode ser simbolizado pela serpente.[16]

O mundo da visão foi simbolizado pela serpente em todas as épocas, por diversos cultos sacerdotais de todos os países.

No meu idioma ou visão pessoal, dou a essa serpente o

nome de água-viva.

*

A serpente – a água-viva – a mente superconsciente.
 A realização do mundo superconsciente é a preocupação de todo artista.
 Eesse mundo, porém, está aí para todos.
 As mentes dos homens diferem, mas suas mentes superiores se assemelham.

*

Nossas mentes, todas elas, são como casinhas sem graça, construídas mais ou menos da mesma forma – uma cidadezinha sem graça com fileiras de casinhas independentes, e aqui e ali uma mais portentosa, afastada das demais, porém, quando vista à distância, essencialmente igual a todo o resto, toda bege, toda cinza.
 Cada casinha confortável abriga uma alminha confortável – e um muro na parte de trás bloqueia toda a comunicação com o mundo além.
 A maior preocupação do homem é manter sua casinha quente e deixar seu muro cada vez mais forte.

*

Lá fora há uma grande vinha, cachos de uva, rebeliões, loucuras, perigos.
 É muito perigoso.
 Uma mariposa enorme se desprende de um cacho de uvas amarelas – ela parece embasbacada com o calor do sol – pesada de sol, o ventre macio inchado com o mel das uvas,

eu diria, pois havia uma pérola dourada – resinosa – grudada nas plumas de sua garganta.

Ela cai em vez de voar, e suas grandes patas roçam minha taça de ouro, produzindo um ruído metálico.

Ela tropeça desajeitada e se recompõe, e agarrada à borda da taça move as antenas lentamente.

Eu a teria ajudado, mas eu também estava mareada com o calor e os vapores do vinho dourado, e ouvi um grande brado, uma gargalhada, ao tentar endireitar a taça, e gritei em resposta, *ele* está embriagado – *ele* está embriagado.

Pois ele estava embriagado.

Lá fora há uma grande vinha, rebeliões, loucuras, perigos.

*

O corpo – os membros de uma árvore, os galhos de uma árvore frutífera, o corpo inteiro uma árvore – a filosofia do Tao, a filosofia dos hebreus, a filosofia dos gregos, o homem identificado com a natureza, o homem teso como «uma árvore plantada junto às águas»,[17] inúmeras instâncias de deuses em árvores e de seres humanos particularmente belos ou graciosos transformados em árvores ao morrer, como um ato de benevolência, álamos, amoreiras, loureiros.

O homem, contudo possui intelecto, cérebro – uma mente de fato capaz de atingir os três estados do ser, uma mente que pode ser consciente no sentido ordinário, escolar, literal da palavra, ou subconsciente – esses estados subconscientes variam em diferentes estados de sonho ou sensação física, doença, delírio ou loucura –, uma mente além disso superconsciente, capaz de adentrar uma vida de forma integral como fizeram Leonardo, Eurípides, o galileu com suas cestas e rostos humanos e moedas romanas – os eremitas das florestas do Ganges e o pintor que se concentrava num único tufo do pinheiro com sua pinha marrom, até que cada folha fosse para ele uma entidade separada, até que cada agulha de pinheiro mantivesse com todas as outras uma relação evidente, como o desenho de um construtor mecânico de pontes do século XX.

*

Lo-Fu estava sentado em seu pomar durante a dinastia Ming, em 184 d.C.[18] Ele estava sentado em seu pomar e olhava ao redor de modo vago e casual. Contra as pedras cinzentas do muro, ele viu o galho baixo de uma macieira. E pensou: esse galho deveria ter sido podado, ele está pendendo muito baixo. Então olhou para o broto reto e vigoroso e pensou: não, as maçãs estão excelentes, tão redondas e firmes. E continuou olhando.

Era um broto que, por seu tamanho, estava crescendo fazia alguns anos. Por que havia sido deixado sem corte? Seria algum enxerto experimental realizado pelo jardineiro anos antes? O ramo fora deixado ali por acidente? Então sua mente consciente parou de se perguntar e, sendo ele um artista, sua intensidade e concentração eram de uma ordem especial, e ele olhou para aquele galho frutífero pendendo sob o sol, os globos das maçãs, vermelhos, amarelos, vermelhos com pontos marrons e vermelhos, amarelos onde as duas cores se fundiam, novos pontos marrons sobre o amarelo, e verdes onde a superfície redonda se curvava sob o caule. Ele viu o caule empurrado para baixo, quase sumindo na concavidade verde. Viu o caule ligado ao galho forte e pequeno acima dele. Viu a casca verde e marrom do caule e a comparou à casca mais rígida e escura do galho. Examinou os sulcos e as minúsculas linhas negras que formavam a superfície individual daquele galho. E foi além. Havia duas folhas, continentes que deviam ser explorados com tempo e afinco, para que a mente não passasse despreocupada de um veio a outro nem perdesse qualquer mínima nervura ou raminho de um único segmento daquele esqueleto fabuloso. E quando apreendeu o esqueleto daquela folha, os rios, por assim dizer, que sulcavam aquele continente, sua mente se alegrou, mas ela mal havia começado a sua busca. Entre cada rio havia um belo campo verde – milhares e milhares de campos, cada um com sua individualidade, cada um com algum traço característico que o distinguia dos demais.

*

Tentei contar de modo breve, com o mínimo de detalhes possível, como Lo-Fu olhou para aquele galho. Ele realmente o olhou. Ele realmente o viu. Depois entrou em casa e em seu quartinho fresco, a salvo do sol, fechou os olhos. E viu de novo o galho, mas com mais clareza e intensidade do que nunca. O galho era agora sua amante, seu amor. Quando ele a vira no pomar, a amante estava, por assim dizer, cercada pela multidão, e só podia ser observada à distância. Ele não podia tocá-la, à sua amante, com todo mundo ao redor. Aqui, em seu quartinho, o mundo cessara de existir. O mundo fora desligado, bloqueado, esquecido. Seu amor, seu galho de macieira, sua amante bela e sutil, era sua. E depois de possuí-la com sua grande alma voraz, ela seria sua para sempre.

*

Ela era sua, e embora ele soubesse que ela era apenas uma, uma entre milhares de mulheres, uma entre milhares e milhares de lindas mulheres, ela era sua, toda sua. E ele nunca sentiu ciúmes, embora sua beleza fosse tão óbvia, pois ninguém mais poderia possuí-la. Ao contrário de outros amantes, ele ansiava por que seu amigo também a amasse, ou que tomasse outro galho para si, pois o pomar estava cheio deles, e para além do pomar e da montanha e das florestas de pinheiros havia uma infinidade de gramíneas e pastos íntimos e acolhedores.

Lo-Fu era um poeta. Para ele, aquele galho de macieira no pomar existia como um acesso para outra coisa. Assim como se pode dizer que o corpo da amante de um homem existe como um meio para acessar outra coisa, isto é, um meio ou instrumento para a sensação ou para a felicidade, o galho do pomar existia para Lo-Fu como um meio para alcançar a felicidade, tornar-se completo, acercar-se do êxtase.

*

Estive conversando com um rapaz, um estudioso e filósofo. Ele diz que meu termo *mente superior* não é bom, pois, ao menos em seu caso, o estado mental que descrevo situa-se abaixo da mente subconsciente. Ou seja, visualizo meus três estados de consciência nesta ordem:

1. Mente superconsciente
2. Mente consciente
3. Mente subconsciente

Ele, por outro lado, visualiza estes três estados:

1. Mente consciente
2. Mente subconsciente
3. Mente universal

Por *mente universal*, ele quer dizer exatamente o mesmo que eu quando digo *mente superior*, mas o termo mente superior não é adequado, já que outras pessoas a acessam pelo subconsciente.

H.D.

Contudo, nós dois visualizamos esses estados como uma reta, embora eu suponha que o símbolo universal seja um triângulo ou, indo um passo além, um círculo, já que essas três formas parecem resvalar umas nas outras, embora nem eu nem ele o visualizemos assim.

*

O corpo de um homem é um meio de acesso, ou pode ser usado como um meio de acesso, para o êxtase. O corpo humano pode ser usado para esse fim. As melhores esculturas gregas usavam os corpos de jovens atletas como Lo-Fu usou o galho da árvore frutífera. As linhas do corpo humano podem ser usadas como um acesso para a mente superior ou universal.

As linhas do corpo humano e as linhas da árvore frutífera são como o corpo do auriga de Delfos de que falei há pouco. A árvore frutífera e o corpo humano são estações receptoras, capazes de armazenar energia, energia do mundo superior. Essa energia está sempre lá, mas só pode ser transmitida a outro corpo ou a outra mente que esteja em relação de simpatia com ela, ou afinada no mesmo tom.

O corpo do menino grego usado por Policleto em seu Diadúmeno[19] era algo tão impessoal quanto uma árvore. Ele usou um corpo em lugar de uma árvore. O corpo do menino era evidentemente capaz de paixões humanas, mas Policleto não abordou esse corpo pela via das paixões humanas.

É evidente, porém, que ele estava apaixonado, como Lo-Fu estava apaixonado pelo galho de macieira e Leonardo, pelo rosto do menino, e o galileu, pelos lírios do campo.

*

Considero que o corpo é como um pedaço de carvão, que cumpre sua função mais elevada quando arde.

Quando o carvão arde, ele produz calor.

Um corpo ardendo de amor produz calor.

Avançando mais um passo, porém, o carvão pode ser usado para produzir gás, essa essência, essa forma concentrada e etérea do carvão.

Isso também vale para o corpo. Ele pode arder simplesmente como calor ou amor físico. Isso pode ser bom, mas também é interessante compreender o processo por meio do qual o corpo físico é transmutado nesse outro, nessa forma distinta, concentrada, etérea, à qual nos referimos no discurso comum por *espírito*.

Tudo é espírito, mas sob diferentes formas.

Não podemos obter calor sem o pedaço de carvão.

Talvez por isso não possamos ter espírito sem corpo, o corpo da natureza, ou o corpo individual de homens e mulheres.

*

Conversei com um cientista, um psicólogo, sobre minha divisão entre mente e mente superior. Ele disse que *mente superior* não era exatamente o termo correto, que a expressão que eu buscava era *mente subconsciente*.

Pensei muito tempo no valor comparativo desses termos, e percebo por fim meu erro e o dele.

Nós dois estávamos errados. Eu estava tentando abarcar grande parte do campo da consciência alterada com o termo mente superior. Ele, por outro lado, chamava tudo isso de mente subconsciente.

No entanto, o subconsciente e o superconsciente são estados completamente distintos, mundos completamente diversos.

*

O mundo subconsciente é o mundo dos sonhos noturnos, é o mundo onde entram os grandes amantes, amantes físicos, mas muito bons.

O mundo superconsciente é o mundo dos sonhos despertos, é o mundo onde entram os grandes amantes, amantes espirituais, mas somente os melhores.

*

Um sonho subconsciente pode se transformar num sonho superconsciente no momento do despertar.

*

O intelecto, o cérebro, a mente consciente, é a ponte, o elo entre o subconsciente e o superconsciente.

Acho que finalmente meus termos estão claros.

Há três estados ou manifestações – a mente subconsciente, a mente consciente, a mente superconsciente.

*

Essas águas-vivas são para mim «sementes lançadas ao solo». Porém, assim como são necessários um homem e uma mulher para criar outra vida, essas duas formas de semente, uma na cabeça e outra no corpo, são necessárias para produzir um novo nascimento espiritual. Acho que por isso as vi como águas-vivas. Elas são na verdade duas partículas de protoplasma, e quando «nascemos de novo» não voltamos como crianças, mas como os primeiros germes que darão origem a uma criança.

*

Provavelmente nós passamos por todas as formas de vida, e isso é muito interessante. Até o momento, porém, passei por essas duas, e sou, no meu corpo espiritual, uma água-viva e uma pérola.

Podemos provavelmente usar essa pérola como se usa uma bola de cristal, para concentrar e dirigir imagens do mundo da visão.

*

É preciso trabalhar, é preciso se empenhar para compreender a mente superior. No entanto, depois que o homem se torna consciente dessa água-viva sobre sua cabeça, dessa pérola dentro de seu crânio, dessa semente lançada ao solo, sua principal preocupação passa a ser automaticamente o seu corpo.

Uma vez que nos tornamos concretamente conscientes dessa pérola, dessa semente, nosso centro de consciência muda. Nossa preocupação é com o corpo.

*

Onde entra o corpo?
O que é o corpo?

*

H.D.

Imagino que já se tenha dito muitas vezes que o corpo é como uma ostra, e a alma ou espírito, como uma pérola. Entretanto, hoje vi com meus próprios olhos que a água-viva sobre minha cabeça havia se tornado concentrada. Vi que o estado mental que eu antes simbolizava como uma água-viva poderia perfeitamente ser simbolizado de outra maneira. Ou seja, toda a energia espiritual parecia concentrada no meio de minha testa, dentro de meu crânio, ela era pequena e emanava uma luz muito suave, não uma luz difusa, mas uma luz concentrada em si mesma como a luz de uma pérola. Então compreendi exatamente o que o galileu queria dizer sobre o reino dos céus ser uma pérola de grande valor.[20]

Seguindo a mesma relação, o corpo não era algo especialmente raro ou amável. Ele parecia uma forma de vida elementar, não bela, transitória. No entanto, mais uma vez eu percebi que o corpo tinha sua utilidade. Afinal, a ostra faz a pérola. Igualmente o corpo, com todas as suas emoções e medos e dores, com o tempo dá à luz o espírito, essa essência concentrada, que não é ele, mas que, num certo sentido, foi feita, criada por ele.

Sei que isso já foi dito antes, mas falo por mim mesma, a partir de minha experiência pessoal.

Pois o espírito, segundo entendemos, é uma semente. Nenhum homem é capaz, por meio do pensamento, de acrescentar um centímetro sequer à sua estatura, como nenhum iniciado é capaz de forçar seu espírito a crescer com o vigor e o poder de seu intelecto.

Ele não pode forçar seu espírito a crescer, mas pode retardar seu crescimento. Ao menos é o que me parece.

Ele pode retardar seu crescimento negligenciando o corpo, pois o corpo humano, como o corpo da natureza, é o solo no qual foi lançada a semente do espírito.

Tal é o mistério de Deméter, a Mãe Terra. O corpo do iniciado de Elêusis tornara-se um com a terra, como sua alma tornara-se uma com as sementes encerradas na terra.

Nenhum homem é capaz de fazer, por meio do pensamento, com que o grão brote ou a noz rompa sua casca. Nenhum homem é capaz de fazer, por meio de um esforço intelectual, com que o espírito se alargue.

Porém, todo homem pode trabalhar a terra, pode limpar o mato em torno dos caules das flores.

Todo homem pode regar seu pedacinho de terra, pode lutar para aplacar a tensão extenuante de seu corpo.

*

Cristo e seu pai, ou, como diria o místico de Elêusis, sua mãe, eram um.

Cristo era o cacho de uvas que pendia sobre os muros ensolarados daquele jardim nas montanhas, Nazaré. Era o jacinto branco de Esparta e o narciso das ilhas. Era a concha do caramujo e o peixe roxo deixado pela maré do lago. Era o corpo da natureza, a vinha, Dioniso, como era também a alma da natureza.

Era as gaivotas que gritavam na maré baixa e arrancavam pequenos crustáceos das algas emaranhadas.

*

Cristo e seu pai, ou, como diria o místico de Elêusis, sua mãe, eram um.

Cristo era o cacho de uvas que pendia sobre os muros ensolarados daquele jardim nas montanhas, Nazaré. Era o jacinto branco de Esparta e o narciso das ilhas. Era a concha do caramujo e o peixe roxo deixado pela maré do lago. Era o corpo da natureza, a vinha, Dioniso, como era também a alma da natureza.

Era as gaivotas que gritavam na maré baixa e arrancavam pequenos crustáceos das algas emaranhadas.

Figura 1.
O auriga de Delfos
Museu Arqueológico de Delfos

Figura 2.
O Diadúmeno de Policleto
Museu Arqueológico Nacional de Atenas

A sábia Safo

«São poucas, mas são rosas» é o ditado do poeta alexandrino,[21] mas eu tendo a discordar. Eu não pensaria em rosas, nem mesmo na grande haste do lírio escarlate. Eu pensaria no perfume da laranjeira, suas floradas implacáveis feitas para seduzir os sentidos quando todos os outros meios falharam, uma adaga cintilante, aço fresco recém-afiado: diante do coração vermelho, os lírios vermelhos, as rosas da paixão estão mortas.

«São poucas, mas são rosas» – é verdade que há um matiz de rica coloração (invariavelmente o encontramos), violetas, a trama púrpura do tecido, roupas escarlates, o fecho tingido de uma sandália, o jacinto lúgubre, esmagado, fenecido, manchas sobre o tecido, a carne, o pergaminho.

Há também o ouro. Será que o poeta quis dizer uma rosa de ouro? Porém, o ouro na cabeça de uma garotinha, o ouro da bainha bordada de uma túnica, o ouro raro da erva marinha ou da leguminosa do campo, não trazem à mente a visão de uma rosa prenhe no jardim perfumado.

«São poucas, mas são rosas.» Ainda que as manchas estejam entranhadas nas almofadas vermelhas e escarlates, no manto flamejante do amor, não creio que seja calidez o que buscamos nesses poemas, nem o fogo nem a luz do sol, nem o calor no sentido comum, difuso e reconfortante (nem a luz, o dia, a aurora ou a luz do sol poente), mas outro elemento que contém todos esses, magnético, vibrante; não o relâmpago que despenha da nuvem tormentosa, mas em certo sentido o relâmpago: um elemento branco e inumano, contendo fogo, luz e calor, mas essencialmente distinto de todos esses, como se a quebradiça lua crescente emitisse calor, ou como se uma esplêndida estrela cintilante esquentasse de súbito em nossas mãos como uma joia ofertada pela amada.

Penso nas palavras de Safo como essas cores, ou melhor, esses estados, que transcendem a cor, mas que contêm (quanto mais alta a temperatura do disco cromático) toda a cor. E talvez a mais óbvia seja essa cor-de-rosa, fundindo-se em tonalidades mais ricas de escarlate, roxo ou púrpura fenícia. Para o amante superficial – deveras – rosas!

No entanto, nem tudo são rosas – nada de rosas ou mesmo flores de laranjeira, mas, lendo mais a fundo, acabamos por visualizar essas sentenças partidas e esses ritmos inacabados como rochas – placas perfeitas e camadas de rocha, dentre as quais talvez cheguem a crescer flores, mas que restarão quando as florescências aguerridas já tiverem fenecido.

Nada de flores, mas uma ilha com incontáveis baías pequenas e irregulares, fiordes e estreitos curtos entre os quais o sol declina claro (fragmentos recortados de um espelho perfeito de prata polida iridescente ou o bronze refletindo tintas mais carregadas) ou se quebra, onda sobre onda, destrutiva, apaixonada.

Rosas não, mas uma ilha, um país, um continente, um planeta, um mundo de emoção, inteiramente diverso de todo mundo de emoção imaginável no presente; um mundo de emoção que só podia ser imaginado pelos melhores entre seus conterrâneos no período de maior glamour daquele país, e eles próprios confessavam que ela estava além de seu alcance, de sua canção, que não era uma mulher, nem mesmo uma deusa, mas uma canção ou o espírito de uma canção.

Uma canção, um espírito, uma estrela branca que atravessa o céu para marcar o fim de uma época do mundo ou pressagiar uma glória vindoura.

No entanto, ela é de carne e osso – terrivelmente humana, uma mulher, uma personalidade, como se tornam os mais impessoais quando confrontados com seus semelhantes.

O lábio inferior crispa-se no rosto branco, ela revira os olhos de maneira desigual, as sobrancelhas quebram a linha perfeita da testa branca, sua expressão não é exatamente sinistra (sinistra e morta) – o lampejo de escárnio sob as pálpebras semicerradas é, antes de tudo, de uma ironia destrutiva.

«Que garota camponesa enfeitiçou teu coração, que nem sabe erguer a saia na altura das canelas?»[22]

Aristocrática – indiferente – cheia de caprichos – cheia de imperfeições – intolerante.

No alto da montanha, o vento pode quebrar as árvores, como o amor, a amante, mas isso foi antes dos dias de Teócrito, antes do destrutivo drama satírico ateniense – não se escutam elogios a garotas camponesas nem a cabras montanhesas. Essa mulher tem ainda uma tradição irretocável por zelar.

Todo o seu amargor era o amargor da transpiração de Eros. Ela queimou para destruir, ela empregou seu talento irretocável para destruir o hábito e o pensamento de massa com sua língua de serpente antes da grande era ateniense.

Negras e bronzeadas são as faces da garota de Teócrito, o siciliano tardio, pois, como ele diz, negro é o jacinto e o fruto da murta.

Entretanto, Safo não tem qualquer admiração por garotas camponesas. Ela projeta um pouco seu lábio inferior, revira os olhos, retorce o rosto para além de qualquer proporção, enquanto busca a frase mais eloquente; essa garota que te enfeitiçou, meu caro, não sabe nem erguer a saia na altura dos pés.

Uma tirada sofisticada, irônica, amarga. Nem suas mãos, nem seus pés, nem seus cabelos, nem seus traços se assemelham de forma alguma aos daquelas crescidas no campo, entre os densos matagais; nem mesmo seus vestidos são mal ajustados ou modelados, mas suas maneiras e seus gestos são cruéis, a zombaria mais amarga de uma mulher sensível contra a favorita de outro, sensível, tempestuoso, autocrático como ela própria.

É verdade, os deuses, Afrodite, Hermes, Ares, Hefesto, Adônis, amado pela mãe dos amores, as Graças, o próprio Zeus, Eros em todos os seus atributos, grandioso, potente, as musas, seres míticos e semideuses, a Cípria, são mencionados uma e outra vez nesses poemas, mas no fim é pelas frasezinhas estranhas, quase petulantes, que estimamos essa mulher, por essa queixa (contra uma simples garota desconhecida) sobre saias e tornozelos, que podemos considerar desnecessariamente fútil, mas cujo pensamento nos apraz, ou talvez o arroubo contra suas próprias companheiras íntimas a aproximem da nossa própria era, de excessiva sofisticação e nervos esgarçados: «Aquelas que mais ajudo são tanto mais indóceis», «Tu te esqueces de mim», ou «Amas um outro alguém», «Para mim não és nada», tiradas nervosas, triviais. Ou lemos num tom mais doce essa frase tão simples, «Eu canto» – não para agradar algum deus, deusa, credo ou devotos de um rito religioso – não canto nem mesmo em contemplação abstrata, como num transe, distante da vida, para agradar a mim mesma, e sim, diz essa mulher tão encantadora e amigável, «Eu canto e canto assim tão lindamente para agradá-las – às minhas amigas».[23]

Não temos um retrato definido dessas jovens de Mitilene pelas mãos de Safo. Elas são deixadas à nossa imaginação, embora apenas o coração mais ardente, o espírito mais intenso e o intelecto mais rigoroso e sutil possam sonhar, mesmo num momento de imaginação ardente, com preencher esses dísticos partidos. Lemos simplesmente esse «Minha querida», ou então, «Me incendeias». Para o amante da noiva ela diz, «Nunca houve outra jovem como ela». Ela fala da luz que banha um rosto adorável, das vestes que envolvem um corpo adorável; ela chama duas dessas jovens pelo nome e as compara para a desvantagem de uma (e mesmo aqui ela contemporiza seu julgamento com um adjetivo carinhoso), «Mnasídica é mais formosa do que a doce Girino». Também ouvimos falar de Erana. «Erana, nunca houve outra assim tão rancorosa.»[24]

Ela louva outra garota, não por sua beleza. Embora elas caminhem entre os altos lírios salpicados e o cálice do jacinto e a íris lésbia, o que ela exalta, para além da Cípria e dos pés de Eros, é sua sabedoria. «Ah», Safo diz sobre ela, amada por uma beleza outra do que a da cintura e da garganta perfeitas e da cabeleira bem presa e das sobrancelhas retas, «Penso que não houve nem haverá outra garota sob o sol tão sábia como tu».[25]

Sabedoria – isso é tudo o que sabemos sobre essa garota, que embora caminhasse sob a pesada luz do sol asiática, sob o vento da Ásia, carregado de mirra ardente e especiarias persas, também era moderada por uma brisa ocidental, arrastando em sua força e ardência salina a imagem de outra, alta, com os olhos sombreados pela orla do elmo, a deusa, indomável.

Essa é sua força – Safo de Mitilene era grega. E em todos os seus êxtases, seus ardores, sua rebelião asiática de cores, seu apelo àquela divindade fenícia, «Adônis, Adônis –»[26] ela clama, algo tão simples em outras mãos que não as suas, perigosamente próximas de vencer a sensualidade, seus toques de realismo oriental, seus «guardanapos violáceos» e suas «almofadas macias»[27] são, no entanto, abrandados, moderados por uma artesania jamais superada na literatura. A beleza de Afrodite, é verdade, é o assunto constante e reiterado de seu canto, mas o escoliasta tardio, que sabia mais ao seu respeito do que podemos esperar aprender desses breves fragmentos, referia-se a ela como «a sábia Safo».

Não precisamos do testemunho de qualquer escoliasta alexandrino ou tardo-romano para nos assegurarmos de sua sabedoria artística, da precisão científica de seu metro e de sua notação musical, do intelecto finamente temperado dessa mulher. No entanto, pese toda a sua moderação artística, qual é a qualidade pessoal, emocional, de sua sabedoria? Essa mulher que o amor paralisou a tal ponto que ela se viu como um corpo morto, embora consumida pelo fogo como a grama do deserto, branca com o calor do deserto; ela que tremeu e adoeceu e transpirou diante da mera presença de um outro, uma pessoa, sem dúvida dotada de charme, de graça, mas desprovida de qualquer dom extraordinário da mente ou da aparência – será ela moderada, será ela sábia? Savonarola[28] de pé no pátio dos Médici (cerca de 2 mil anos depois) proclamou-a abertamente aos jovens leigos e aos padres de Florença ali reunidos – um demônio.

Se moderação é sabedoria, se constância no amor é sabedoria, seria ela sábia? Mesmo nos poucos fragmentos existentes lemos nomes e mais nomes curiosos, exóticos, fragrantes: Átis – Andrômeda – Mnasídica, Erana, Girino – e outros, muitos outros eram louvados nos fragmentos perdidos, segundo conta a tradição. Os nomes de musa, deusa e mulher humana se fundem, entremeados nesses versos. «Níobe e Leto eram amigas»[29] é uma afirmação simples – por ora, Níobe e Leto são mais próximas, mais humanas, do que essa Átis, do que essa Erana, que golpeiam e ardem e irrompem como o Amor em si.

A sábia Safo! Ela era sábia, emocionalmente sábia, suspeitamos, com a sabedoria da simplicidade, a cegueira do gênio. Ela construiu a partir de um gesto simples uma estranha garota meio adulta, um ser, uma companheira, uma igual. Ela imaginou por um momento, quando o pássaro branco franziu seu pé rosado, agarrando-se para encontrar equilíbrio no marfim demasiado suave do pulso dessa mesma Átis, que Átis possuía uma mente, que Átis era uma deusa. Como se o sol tivesse formado um momentâneo diadema de estranhos cabelos cor de ferrugem, ela vislumbrou em toda a sua fragrância Afrodite coroada de violetas, ou melhor ainda, uma irmã, a musa cingida de violetas. Ela imaginou – pois os ombros da garota pareciam quase frágeis demais, franzinos demais para sustentar a vestimenta, arrastando-se um tanto pesadamente devido às amarras de ouro – que aqueles ombros eram os ombros de um ser, um espírito quase desencarnado. Ela construiu, de forma perfeita e irretocável (como, em seus versos, ela esculpiu no dialeto eólico de seu tempo algumas frases imortais), o todo, a perfeição, o espírito imortal da deusa, musa ou ser sagrado, a partir da graça simples de uma garota alta e parcialmente desenvolvida. O próprio céu se abre, aberto por esses dedos leves, que afofam as plumas da garganta de um pombo. A sábia Safo então clama em voz alta contra aquela amarga, mui amarga criatura, Eros, que uma vez mais a traiu. «Não suportas pensar em mim, Átis – e foste para junto de Andrômeda.»[30]

Eu amo pensar em Átis e Andrômeda discutindo o assunto recostadas num banco de mármore abrasado pelo sol, como o familiar grupo de Tânagra.[31] O que elas diziam? Em que pensavam? Sem dúvida pensavam pouco ou nada e falavam muito.

Há outra garota, uma garotinha. Seu nome é Cleis. Contam que a mãe de Safo se chamava Cleis. Dizem que Safo teve uma filha a quem deu o nome de Cleis.[32]

H.D. 57

Cleis era dourada. Sem dúvida Cleis era perfeita. Cleis era um bebê lindo, igualzinha a uma flor amarela (é o que sua mãe nos diz). Ela era tão extraordinariamente bela, e a Lídia não possuía nada tão doce, tão perfumado; grandeza, fortuna, poder, nada do que havia na Lídia se equiparava a Cleis.

Assim, no reino dos vivos, sabemos que houve uma Cleis. Vejo suas conchas empilhadas, orladas em cor-de-rosa e púrpura, manchadas aqui e ali com as cores do açafrão, conchas das águas adriáticas que ela empila em sua cumbuquinha pintada, e as derrama e recolhe novamente apenas para atirá-las uma vez mais ao longo da areia. Vimos a Átis do ano que passou; Andrômeda «de paga justa»; Mnasídica com o comprimento provocante de seus membros tão formosos; Girino, amada por um gesto atraente ou uma estranha ressonância na voz ou certa habilidade com as pontas dos dedos, embora carecesse das qualidades mais óbvias e essenciais da beleza; Erana, com seus lábios curvados em desdém sobre dentes levemente irregulares, porém brancos e perfeitos; Erana furiosa, que rejeitava todas as outras e atava violetas brancas apenas para seus cabelos lisos, que ela mesma trançava com precisão e um rigor cruel e torturante ao redor da própria cabeça. Ficamos sabendo de Gorgo, excessivamente desregrada, pesada demais, dona de uma doçura particularmente intoxicante, mas exaustiva, uma garota que inspira cansaço, não uma companheira, suas curvas tão macias pressagiando o desenvolvimento precoce de uma pesada feminilidade.[33]

Entre os vivos há essas e outras. Timas, morta entre os vivos, estendida com uma coroa de lírios e uma tocha fúnebre, uma noivinha dourada, muito embora adormecida, vive de modo mais pungente do que a célebre beldade greco-egípcia que o irmão da poeta desposou em Náucratis. Ródope, um nome que recende (embora não possamos mais ler o tributo da irmã do noivo) às pesadas pétalas enroladas e justapostas da flor inigualável.³⁴

São poucas – não são poucas –, mas são todas, todas rosas! Então, por fim, somos forçados a aceitar o elogio tantas vezes citado de Meleagro, o poeta tardo-alexandrino, meio judeu, meio grego. São poucas, mas são rosas! É verdade, Safo tornou-se para nós um nome, uma abstração, um pseudônimo para o sentimento humano mais pungente – Safo são de fato as rochas pousadas num mar azul, Safo é o próprio mar que se quebra, torturado e torturante, mas jamais desfeito. Ela é a ilha de perfeição artística na qual o amante da beleza antiga (naufragada no mundo moderno) pode ainda pousar os pés e respirar fundo, cobrar coragem para novas aventuras e sonhar com continentes e reinos inexplorados de realizações artísticas futuras. Ela é a sábia Safo.

Platão, poeta e filósofo do período mais formidável da cultura ateniense, recuando seu olhar alguns séculos na direção de Mitilene, contando com perspectiva e um critério extraordinário de comparação, também fala dessa mulher como uma entre os sábios.

Você foi a estrela da manhã entre os vivos (o jovem Platão, poeta e ateniense, escreve sobre um amigo que perdera), você foi a estrela da manhã antes de morrer; agora, você é «como Héspero, dando novo esplendor aos mortos». Platão vive como um poeta, como um amante, embora a *República* pareça um calhamaço enfadonho e os mistérios dos *Diálogos* por vezes beirem o didático e o artificial. Assim deve viver Safo, rosas, mas muitas rosas, pois a tradição deitou flor sobre flor ao redor de seu nome e continuaria a fazê-lo mesmo que seu último verso se perdesse.

Talvez para Meleagro, que tinha acesso aos incontáveis rolos de papiro de Alexandria, elas parecessem «poucas» em comparação, embora para nós, numa era mais miserável e estéril, elas pareçam tantas. Lendas e mais lendas surgiram, agregando curiosos documentos a cada um desses fragmentos preciosos; a história da preservação de cada um desses versos é em si mesma um romance dos mais fascinantes e estarrecedores.

Uma cortesã e uma modista foram repreendidas certa vez por não conhecerem «nem ao menos as obras de Safo». Sófocles gritou desesperado em frente de um dístico inimitável, «Deuses – que coração apaixonado, que anseio criou esse ritmo?». O imperador romano, fatigado até a morte, ergueu seu cálice recurvo e disse, «Vale a pena viver mais um pouco para ouvir outra canção dessa mulher». Catulo, lirista apaixonado, deixou de contar as imperfeições de sua Lésbia para adentrar num mundo belo e paradisíaco, para forjar a prata do latim a partir do grego imperecível, para se maravilhar com os elogios dessa amante perfeita, que não necessitava de um ínterim de ódio para voltar a possuir sua amada. Monges e eruditos, os reclusos grisalhos do monastério bizantino, romano ou medieval, inflamados a um novo nascimento da paixão intelectual diante da descoberta dessa relíquia mortífera, até que o próprio Vaticano se comovesse e considerasse essa mulher uma rival à altura das seduções de um outro poeta e destruísse seus versos.

As rosas que Meleagro considerava «poucas» se tornaram, na história não apenas da literatura, mas das nações (Grécia e Roma, cidadela medieval e cidade da Toscana), um poder imenso, rosas, mas muitas, muitíssimas rosas, cada fragmento o testemunho do amor de um erudito ou um antiquário alucinado, buscando encontrar alguma preciosa polegada de palimpsesto entre as glórias fúnebres dos faraós espargidos na areia.

Figura 3.
Safo de Éreso
Museu do Capitólio

H.D. 61

O povo de Esparta

Os jacintos, o aço amolado, o barbarismo, a intensidade de mente e espírito do povo de Esparta rivalizavam com os da própria Atenas.

Atenas será para sempre o centro do mundo grego, suave, civilizada, criadora do guerreiro, do estadista e do poeta completos, e dizem que o maior deles, ao morrer, recordou com alegria que havia contribuído para a glória de Atenas – não com o tesouro inestimável de seu drama, mas porque na juventude se enfrentara no bosque de Plateia com um persa que jamais o esqueceria.[35] Atenas estará para sempre dentro de um anel de ametista. Atenas, como os mundos estranhos de que nos falam os cientistas, parece iluminada por outro sol; a aurora surge violácea, ao meio-dia, as rochas do Himeto projetam uma sombra violeta, à noite ela é inteira uma flor; os picos dentados das montanhas são claramente, não apenas por sua cor, mas por sua forma, ramalhetes de violetas esculpidos em pedra e granito, uma coroa rochosa de flores roxas.

Uma suavidade – uma fragrância – Atenas – moderação!
Lacônia – Lacedemônia!
Costumes e superstições estranhas e selvagens, os meninos nos arredores da cidade, sob os auspícios de Apolo, sacrificando filhotes de cão para o deus da guerra, como nenhum outro povo grego, e transformando-se como nenhum outro povo grego nesses animais, para lutar com punhos e dentes,

infligindo e recebendo ferimentos cruentos e selvagens. Porém, não muito longe desse ginásio plano, circundado por um fosso vertiginoso, há um templo das musas, «pois os lacedemônios não rumam para a batalha sob o som de trombetas, mas sob a música da flauta, da lira e da harpa».[36]

Estranha contradição, um povo sutil, sensível e, no entanto, tão brutalmente selvagem, ferro, bronze, um processo novo de solda de armaduras e fusão de minérios para as estátuas e os pisos dos templos, uma justiça intensa, Licurgo, um dos poucos legisladores insignes do mundo, Esparta, fazedora de leis, inventora de leis, cumpridora de leis, as danças das jovens diante da casta e valente Ártemis, e os rapazes dilacerados, os olhos arrancados, a carne chamuscada em nome do santíssimo Apolo.

Talvez (é o que nos diriam os psicólogos atuais) a repressão que permitiu a observância estrita da lei, da virtude e da beleza demandasse por analogia uma irrupção violenta. Cleômenes, o governante espartano, caracteriza o espírito de seu povo. Audacioso no mundo do sobrenatural como em seus afazeres mundanos e proezas marciais, sutil no intelecto, um gigante em coragem, ele adulterou o oráculo de Delfos, subornou a sacerdotisa para vaticinar um desastre aos seus inimigos, tentou bravamente dissolver a confusão que ele mesmo havia criado ao seu redor e, por fim, «morreu num acesso de loucura».

Foi em seu reinado que Xerxes conduziu seus exércitos para a Grécia.

Por um momento, por um segundo, pelo tempo de um batimento cardíaco, o organismo vivo do mundo ou espírito do mundo pareceu estar em perigo, como se além desta terra e do espírito ou *daimon* desta terra, um outro observasse, questionando: será que a nossa terra se tornará uma criatura de caráter sensual, temperamental, feminino, mutável, fluido, votada sobretudo à sedução dos sentidos, uma criação do sol, mas de um sol oriental, mirra mesclada com especiarias, homens belos com a beleza parcialmente masculina dos anéis e braceletes, com cabelos trançados abaixo dos ombros caindo em cachinhos, perfumados, com uma coroa de ouro engastada com a imagem de um sol oriental, ou o Ocidente triunfará?

Atenas situada a meio caminho, dada à sutileza e aos caprichos intelectuais, com sua amplitude, seu desejo de realizar, Atenas avançando rumo à Ásia com sua cadeia de ilhas inigualáveis. Atenas progenitora de poetas e amante de poetas de ilhas remotas e costas estrangeiras, audaz colonizadora do litoral asiático, Atenas, cidade eternamente situada numa colina, valente, destemida, sua personalidade expressa em cada arranhão e em cada buraco de seu pavimento pedregoso, estampada no coração de cada cidadão como a coruja e o elmo na moeda da cidade, Atenas, uma luz eterna – a mulher com o elmo ou o homem com mangas roxas e bordadas?

Atenas, é verdade, é o objetivo de nossos esforços, a ilha rochosa, beleza, moderação, as musas agitando violetas! Contudo, além de Atenas, como as lágrimas que não conseguimos derramar ao ouvir certas frases musicais inusitadas ou o timbre de um ritmo perfeito, além da consciência, além do intelecto, está o terror do não expresso, o medo que grassa, dilacerando-nos como os rapazes uns aos outros, rudimentar, indefinido, ou a beleza expressa que morre para ser adorada morta, uma beleza além do êxtase que faz a canção, o espírito da Jacíntia, o festival espartano.[37] Além do marfim e da prata de Atenas, postados supremos sobre o Partenon, está a Atena de bronze e ferro e rosas vermelhas, uma outra, que sacrifica até mesmo a mente, sua amável cidadela, por uma região de terror absoluto e beleza inexplorada.

Leônidas, um cidadão de Esparta, enfrentou com trezentos homens da Lacedemônia toda a força da Pérsia, numa passagem montanhosa abaixo da Tessália.

Além da razão, além da expressão técnica do poema dramático, da música ou do burilar da estátua, essa ação pertence ainda ao reino do sublimemente inexprimível... os cem, massacrados com seu líder!

Passante, diz isto aos lacedemônios: aqui morremos obedecendo a seus comandos.[38]

É significativo que um forasteiro, Simônides, um poeta de Cós, afiliada de Atenas, tenha cristalizado o espírito de Esparta nesse epitáfio heroico. A Lacônia produziu poucos poetas. Seu espírito era essencialmente um espírito de ação, mas de uma ação tecnicamente perfeita – a dança da guerra, a dança das donzelas, a marcha para a batalha, o confronto e o massacre do inimigo, e mesmo os modos e maneiras de matar e morrer eram ações autoconscientes, dramáticas, treinadas, aperfeiçoadas, ações técnicas; viver uma vida como se escreve um poema, enfrentar a morte como o herói do drama ateniense a enfrenta, com uma postura imponente, com uma graça inescapável, com um resguardo invejável.

Para escrever um poema, para esculpir um Hermes ou um Diadúmeno, é preciso toda uma vida de serviço absoluto, e muitas vidas anteriores de dedicação. Cálamis, Escopas,[39] não apenas dedicaram o ardor de seu cérebro e espírito para aperfeiçoar sua técnica, como outros antes deles já haviam alcançado, realizado, inventado maneiras, métodos e maneirismos de que eles foram herdeiros não medíocres. Os trezentos herdaram uma espécie de técnica do heroísmo; eles alcançaram nas Termópilas uma perfeição nunca antes realizada, e que jamais seria superada.

No entanto, o espírito da Grécia, embora seus vários

membros sejam tão singularmente distintos, é apenas um. Tessália, Termópilas, Tebas, Atenas, Argos, Esparta, são nomes que amamos e revolvemos nas mãos como partes de uma joia, criando novos padrões ou pendurando-os numa corrente para ter mais e mais, feito uma criança pondo contas num cordão, novos nomes, novas joias, Tessália, matas selvagens, bestas selvagens, galho de árvore, uma ágata musgo; Termópilas, o rubi palpitante, rajado de fogo; Tebas, rochas e muros, uma jade preta da Fenícia; Atenas, obviamente o cristal, refletindo o mundo exterior, mas intelectualizando todas as coisas em sonho e visão; Argos, uma curiosa pedra da lua enterrada; Esparta, esse grande rubi; mas nenhuma joia irretocável e com um tal fogo interior como o daquela labareda perfeita, Termópilas. Depois de Esparta, temos nomes e mais nomes de cidadezinhas adornando as franjas do mar. Esses nomes são para mim um punhado de pérolas minúsculas, talvez sem valor numa leitura mais ampla da história, mas com poucas imperfeições, cheias de cor e de charme, um punhado de pérolas de arroz, feitas para cingir num cordão o pescoço de uma criancinha.

Lá está Cróceas, com suas pedras «iguais a pedras de rio», usadas para incrementar a «beleza de cisternas e águas ornamentais». Lá estão as dezoito cidades ao longo de pontos irregulares da costa marinha, «tudo que restou do que um dia foram as 24 cidades dos eleuterolacônios».[40] Numa encontramos um «bosque com fontes de água», em outra, uma faixa de areia especial onde a «praia apresenta seixos belamente formados, de cores de todo tipo».

Numa das cidades, Atalanta se deteve,[41] sedenta após a caçada; em outra, há um canteirinho misterioso de solo fértil chamado «Jardim de Dioniso». Há uma fonte numa dessas cidades menores, onde um passante certa vez se deteve e contemplou, como num espelho, uma visão que alegrou seu coração, de navios passando, estranhos navios com cabeças de proa douradas e velas roxas, onde todo o cuidado havia sido esquecido; uma imagem que seria recordada durante toda a vida desse homem e que apascentaria sua alma ao morrer, mas infelizmente «a peculiaridade dessas águas foi suspensa para sempre por uma mulher que nelas lavou seus panos sujos».

Mais adiante há um templo a Ino, a deusa marinha, que assim como Tétis parece mais próxima do ideal infantil de uma rainha protetora ou mãe marinha. Há outra estátua no templo, mas não sabemos seu nome, pois ela está coberta por uma «infinidade de guirlandas».

De novo há um Cástor e Pólux, irmãos num conto de fadas, postados a céu aberto, e «o mar é incapaz de demovê-los de sua posição, embora no inverno ele irrompa com violência sobre a rocha». E mais adiante há um Eros, companheiro das crianças, num bosque.

Há cinquenta garotas curiosas e impossíveis, filhas do mar, e o bosquezinho consagrado a essas nereidas, «pois conta a lenda que elas subiram até esse lugar para ver Pirro, filho de Aquiles, quando este partiu rumo a Esparta para desposar Hermione».

Lá está de novo nossa Atena, agora chamada de Ciparissa, que parece dar as mãos à mais bela, irretocável, nascida do mar, moldada com espuma e vapor iridescente em Citera, a ilha junto à costa da Lacônia, um pingente, como diante do cordão de minúsculas pérolas de arroz uma pérola gigantesca, rajada de um lado a outro por luzes cor-de-rosa e violeta.

Figura 4.
Manuscrito original
Biblioteca da Universidade de Yale

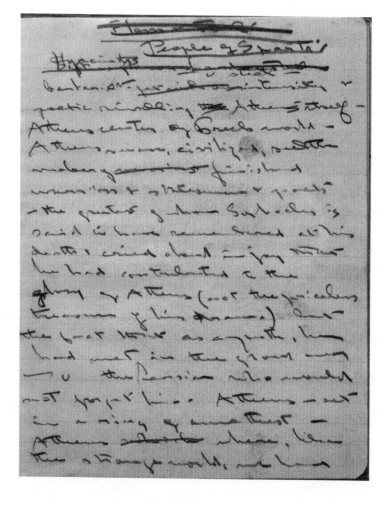

De Mégara a Corinto

Pausânias nos diz de maneira sucinta que nas estátuas das veneráveis, das erínias, «não há nada de horrendo». (Foi Ésquilo quem as imaginou com serpentes nos cabelos). Nenhuma das estátuas das divindades infernais, ele afirma, sugere algo de terrível ou maligno. Um tributo comovente à sanidade do escultor e do povo atenienses, que não precisavam do choque provocado por um monstro gótico bizarro ou doentio para afastá-los do mal e conduzi-los de volta a Deus.

O Deus nas regiões infernais era são, assim como o deus nos céus ou na terra. A serpente a seus pés e Nice, criatura-pássaro, seu próprio eu concentrado, vívido, alado e perfeito, descansando sobre a palma de sua mão estendida, estão igualmente sujeitas à mente de Atena. A sabedoria da serpente (conhecimento das regiões subconscientes e do sobrenatural) e a inspiração (a sabedoria-pássaro, o voo, discernimento do êxtase e da beleza) não seriam nada para ela se lhe roubassem a compostura e a sanidade.

Não há nada de horrendo nas estátuas de deuses, semideuses, donzelas e divindades aladas da Acrópole, nenhuma deformação do cenho ou deformidade grotesca da figura destinada a chocar a humanidade, paralisar e subjugar a vontade. Até mesmo a medusa, a górgona, escreve Pausânias, no «muro sul que conduz da acrópole para o teatro», em suas linhas e na moderação da expressão, apela não à superstição ou aos reinos de terror oculto, mas ao intelecto, e está «forjada em ouro».

H.D.

«Afrodite Celestial é a mais velha dentre as chamadas moiras», diz uma inscrição na base de uma estátua da deusa colocada num jardim ateniense.[42] Afrodite e Atena nem sempre aparecem como vencedora e vítima, como nos portões de Troia.

Assim, ao avançarmos pela estrada de Mégara a Corinto, não precisamos abdicar da proteção da ateniense de olhos cinzentos por deambularmos em jardins carregados de murtas, escuros de tantas rosas.

Porém, o istmo não é inteiro um jardim. Força austera, implacável, regentes dos elementos, espíritos, regentes do corpo deificado, os heróis se postam em pé de igualdade com a rainha de homens e deuses. Estátuas de atletas, vitoriosos nos Jogos Ístmicos, enchem um dos lados do templo de Posídon, escreve Pausânias, enquanto no outro há «pinheiros plantados em fila, quase todos erguidos em linha reta».[43]

Quase todos erguidos em linha reta; há o vento e o mar áspero, há força para nos saudar, a nós, devotos de Nice, vitoriosos nos Jogos Ístmicos, rapazes, poderosos de estatura, com a cabeça pequenina (forjada pelos escultores antigos à maneira meio-arcaica), com pés fortes e brancos, a rocha de granito destacada contra o muro escuro do templo, irmãos dos Dióscuros, irmãos de Perseu e Héracles, irmãos da haste impetuosa do pinheiro; sérios na fisionomia, seres sagrados para sempre em destaque graças a certa força nas coxas, certa destreza nos punhos ou celeridade no olhar, por sua audácia ou bravura, com o intelecto do cenho distribuído de maneira equânime, com o intelecto das mãos e dos ossos das escápulas, do tornozelo e da curva do joelho, vencedores nos Jogos Ístmicos.

Épocas posteriores apinharam esse templo com uma estatuária espalhafatosa, Tritão adornado, golfinhos e cavalos-marinhos. Porém, eu o vejo como nas priscas eras, a grama áspera quase batendo nos joelhos de um jovem campeão do pentatlo ou alguma figura heroica, a simetria da composição tradicional do gorro bem-ajustado de cachos finamente cinzelados, ligeiramente gastos pelo vento e a tempestade, os quadris e ombros tesos vencendo o choque climático enquanto o herói permanece alerta, lúcido contra o grande galho rebaixado do pinheiro negro.

«Na subida para Acrocorinto há um templo a Afrodite.» Não sou capaz, neste momento, de visualizar esse templo, nem os muitos outros consagrados à deusa, mas sim, após a fronteira, na Argólida, perto de Micenas, um pequeno templo que Pausânias nos descreve belamente, o santuário de outra rainha, bela e augusta, Hera paradisíaca.

Um rio corre acima do templo, em frente aos grandes penhascos de uma montanha gigantesca; o templo, pequeno e compacto, é um semicírculo fixo, vívido e brilhante de mármore ao lado da ravina para onde o rio corre. As montanhas em frente ao templo são sagradas, as montanhas próximas e «o solo abaixo do templo» são igualmente reverenciados, cada um por alguma característica peculiar; o solo, a terra, é elétrico, mas com poderes separados e distintos, como o poder dos braços difere da paixão dos joelhos ou dos ombros. Tudo isso ao redor dessa pequena rainha, dessa deidade branca e irretocável como um só fogo.

Sobre a margem do rio, uma flor cresce. Que flor? Pausânias dá a ela o nome de *astérion*. Lemos noutra parte que a madressilva era amada por Hera. Será essa a flor fragrante, tensa e semelhante à cera, trepando no lenho tosco, nos espinheiros e arbustos baixos, que as donzelas levavam para a deusa, em coroas trançadas de folhas e botões pontiagudos?

O sol cai sobre esse templo, mas os pilares não resplandecem; eles são um entalhe gentil e delicado de algum mármore precioso, manchado talvez de um amarelo-fulvo suave como o amarelo da flor-de-mel; extraído de uma montanha especial para se fundir, mavioso (não intenso ou estelar demais) contra o paredão colossal.

Há estátuas no precinto e dentro do templo, mas o que vemos são os próprios heróis e deuses, homens e mulheres vivos; Orestes sentado, as mãos unidas ao redor dos joelhos, pensativo, quase humano, apaziguado, não o Orestes trágico, de olhos atormentados, que encontramos diante do Partenon.

Das estátuas de Hera, a mais antiga e sagrada era feita de uma tenra pereira. A estranha fragrância da árvore evolava através dos arcos e do pórtico, lufadas e mais lufadas do oloroso galho frutífero, a força do lenho maduro enraizado na terra, mulheres, sacerdotisas, movendo-se com amigável dignidade, as vestes caindo pelos seios firmes e as ancas esbeltas, homens, quietos nos alpendres – Orestes, em paz.

O velho templo, a joia irretocável, foi calcinado. Criseida, a jovem sacerdotisa, caiu no sono e a chama de seu lampião, dardejando no vendaval tempestuoso que irrompeu subitamente através da montanha, alastrou-se pela borda franjada que sujeitava as cortinas, estendidas entre dois pilares. As franjas pesadas lamberam sua fronte, mas Criseida não se moveu. Odores pungentes de valiosas especiarias ocultas, temperos fragrantes, móveis em brasa, singelos entalhes de madeira lambidos e devorados pelo fogo, até que fosse tarde demais.

Criseida fugiu do abrigo do precinto (de sua mãe, sua protetora) temendo a fúria de um povo que havia confiado a ela as relíquias mais sagradas de seu país. Em sua desgraça, ela voltou-se para Atena Álea. Não sabemos como a deusa a confortou, mas sabemos isto: «Embora acometidos por tal infortúnio, os argivos não retiraram a estátua de Criseida, que permanece até hoje diante do templo calcinado».

O templo calcinado – este é um dos vários que aparecem nessas poucas páginas. Esse livro sobre Corinto está repleto de nomes de reis, heróis e donzelas! Cada um suscita na mente uma longa sequência de cenas imaginárias e instantâneos reconstituídos. O livro sobre Corinto traz ainda a lenda e o conto da Argólida (essa terra sagrada para Hera), de Trezena, aliada tão próxima de Atenas ao longo da história e das lendas, de Fedra e da estranha murta com folhas espicaçadas nas bordas; as folhas passaram a crescer rasgadas e feridas desde o dia em que Fedra, em pleno jardim do palácio, constatou por fim sua desesperança. A rainha de Teseu olhava com dignidade, com pálpebras serenas, para além da dama de companhia, além das figueiras e do matagal de murta e as romãs, mas não via nada do jardim ou da colina distante ou da extensão azul da baía. Sua mente não registrava nem mesmo a sensação do galho áspero e dos fios da fibra folhosa que manchavam seus dedos doídos «enquanto ela descarregava sua agonia nas folhas da murta».

Lemos a respeito de plátanos, de campos adequados para o cultivo de azeitonas, da azeitona selvagem, da rara azeitona frutada e da azeitona própria para o cultivo em jardins; de um jacinto especial usado pelos meninos na procissão de inverno, semelhante «na cor e na forma» ao jacinto comum, mas ligeiramente diferente por um detalhe do caule ou da folha, ou do espaço entre as inflorescências.

Ouvimos falar de sonhos, de Pã sendo chamado de redentor pois havia ajudado o povo daquele país quando a praga os ameaçava, «enviando sonhos». O sono e as musas recebiam sacrifícios pois «sono é um deus muito amado pelas musas». Algumas características peculiares da luz do sol, do amanhecer, do crepúsculo, da escuridão noturna, devem ter agido sobre a imaginação intensa e vívida desse povo que habitava as fronteiras de Corinto, aliada próxima de Atenas, pois tantas vezes ouvimos falar de um sonho «enviado por Atena», de «sono e sonho», e de «sono, o generoso» cultuado nos precintos mais sagrados de um templo.

Um detalhe vívido me persegue enquanto passo muito rapidamente, com indevida sem-cerimônia e escassa reverência, pelos inúmeros templos, santuários e estátuas apinhadas ao longo da estrada batida. Muitos jardins me tentam, mas não entro. Sou uma peregrina, batida, manchada da viagem, fervorosa, mas ainda não estou pronta para adentrar os pórticos da mais sagrada, Afrodite. Galhos fragrantes de azaleias e roseiras selvagens varrem os cabelos poeirentos e as pálpebras cansadas. Não é uma voz de sereia o que nos tenta, mas uma voz mais forte, a voz do amante verdadeiro, que não pode parar para beijar a pálpebra ou a onda do cabelo ou a linha sutil da garganta ou tornozelo, amando demais tudo isso, amando o espírito dentro do corpo nem mais nem menos do que o corpo que o abriga. Afinal, Corinto não é inteira o corpo de Afrodite, e a Grécia, a beleza de Atena? Onde podemos parar, como saber a diferença?

Na Hélade, a generalização se exprime no particular. Nos indivíduos do povo está a resposta para suas perguntas abstratas. As qualidades de seu espírito estão vivas nos nomes de seus poetas.

Essa poeta é pouco conhecida, embora com Ânite, Safo e Erina ela se equiparasse aos maiores cantores de seu tempo e de toda a história. Seus poemas se perderam. No entanto, essa Telesila também era «formidável entre as mulheres».

Fogo, aço, clarão de espada, muros rachados e muros caídos, não uma Pentesileia mítica enviada contra o divino Aquiles – mas uma menina, uma mulher, uma realidade.

Um desastre inenarrável para os argivos, o sacrifício dos

que estavam na floresta, que sem obterem clemência (embora implorassem ao inimigo desde um precinto sagrado), preferiram um expediente rápido e atearam fogo ao bosque, «ardendo junto com ele».⁴⁴

Assim, numa Argos «esvaziada de seus homens», a bravura de Atena se infiltrou no corpo de uma mulher; Telesila «tripulou as muralhas». Ela convocou os escravos, os meninos pequenos, as meninas, suas companheiras de jogos, as jovens que ela amava e suas mães, para desafiar a Lacedemônia e os homens de Esparta.

Além do teatro, diante do templo de Afrodite, tempos depois foi erguida uma estátua, Telesila; a seus pés, os rolos de sua poesia erótica, e em suas mãos, um elmo.

Um poeta na vastidão selvagem: canções de Anacreonte

Quando tivermos encontrado nosso mundo (quando soubermos perfeitamente e para sempre que atrás de nós, na clareira da grande floresta de pinheiros, as selvagens legiões de Pã rastreiam imperturbadas o cervo selvagem e a pantera das montanhas; onde a trilha da encosta serpenteia rumo ao sol e além dela um desfiladeiro dispõe rocha sobre rocha para tocar outra colina, e o esquilo terrestre e a serpente infligem uma vingança incansável contra a delicada prole um do outro), ficaremos desapontadas se encontrarmos um altar ou um pilar quebrado ou qualquer outro tributo do homem para provar que ele aprisionou um espírito. Aqui os deuses são perfeitamente impassíveis. Vemos sob a superfície das águas a maré movendo seus ombros gigantescos, que ela encolhe com enorme indiferença.

Eles dão de ombros para a Europa. Eles inventam gestos novos, estranhos e desprovidos de divindade. Conheço sua impertinência. Também conheço algo de sua graça árida e brutal.

Contudo, eles não esquecerão. O passado está a seu lado e ele será também seu futuro. Os deuses devem ser arrancados de sua cômoda impassibilidade, da floresta de pinheiros, do mar, da agitação das asas de pássaro e do acolchoado da pantera, e regressar ao coração dos homens.

Como devemos impeli-los? Quanto a mim, eu pagaria gesto com gesto, desinteresse com desinteresse, indiferença com indiferença. Corro uma faixa da cortina sobre a grandeza demasiado insistente do mundo lá fora, a montanha com seus picos verdes despencando em toda a sua grandeza bárbara, dramática, imponente, sobre uma escarpa acidentada de granito; granito, alongado em linhas finas, perpendiculares, de luzes irregulares e sombras intermediárias pontiagudas e raras, despencando novamente para dentro do mar; na superfície plana da rocha numa baía, e, na outra, num platô de areia perfeito e ondas sempre mutáveis, sempre claras e lúcidas, onde o pequeno e o grande se misturam, enlaçados como no coração de um grande redemoinho, o oriente e o ocidente tumultuoso, por fim, estáticos e em paz.

Corro a cortina sobre minha janela, sobre eles, sobre sua impertinência e grandeza. Não suporto pensar neles. Porém, com meus dedos manchados de musgo e arranhados pelos mirtilos e ramos de carvalho, abro um pequeno volume da Tauchnitz.[45]

Leio esses poemas com meus dedos, mais do que com meus olhos.

Volutas jônicas – delicadas e circulares – conchas brancas com o interior perolado – cálices com um cinzelado tão fino quanto o padrão de linhas sob as folhas do próprio vinho – osso e fibra firme – a estrutura da asa de uma pomba – curvas intricadas, enigmáticas e precisas talhadas sobre o corpo de uma lira – tudo isso – mais e muito mais – e para concentrar meus sentidos, agora confusos com esses perfumes tênues e exóticos, pungentes e estimulantes e nada familiares, com essas cores, cor-de-rosa e violeta do arco-íris, eu fecho os olhos e encontro meu caminho através dessa poesia com os dedos, como faria uma cega.

Não estou fugindo para um santuário além das vigas mortas do passado, para um templo desenterrado, com velhos pórticos e pátios rachados pela lava, limpos, varridos das cinzas esparsas, grãos de milho petrificados, brasas e restos de maçã convertidos em pedra.

Estou fugindo do presente, acossada pelos teóricos da arte contemporâneos, erínias coroadas de serpentes. Ao contrário, penso em mim como alguém além da moda, ultramoderna. Quando leio o fragmento de algum poeta mélico, sinto-me como quando pisei os degraus do propileu ateniense.[46] Eu divagara até o pórtico de um templo prestes a ser construído. Eu olhava ao redor em busca de guindastes e motores que pudessem içar pedras tão pesadas. Aquelas colunas, sob o sol grego, eram tão genuinamente novas, e muitas delas estavam divididas exatamente como se cortadas por máquinas com algum propósito específico de construção.

Não havia ninguém ao redor. Nenhum grupo de turistas ou visitantes como os que se costumava encontrar em Roma; Roma, segundo a vi anos atrás, era vasta e completa e morta. As colunas dividindo a luz cristalina da Acrópole estavam em plena construção, todas tão perfeitinhas!

Também é assim com esses poemas de Anacreonte. Eles são muito novos. Estou certa de que estão esperando para serem lidos. Ninguém os leu, ninguém tocou essas páginas. São novidades prestes a ser descobertas – novas taças, novos modelos de lira, novas maiúsculas jônicas gravadas, novas cumbucas para rosas inteiriças, novos fechos de sandália, novas fivelas para os ombros – novas, mas não exatamente novas – usadas uma vez e deixadas de lado quando o viajante excessivamente sofisticado esconde os trajes a que regressará, depois de tantos anos de reclusão na vastidão selvagem, marca de sua casta e distinção.

Será que esses deuses (viajantes excessivamente sofisticados) regressarão se descobrirem que suas velhas taças de bebida, suas velhas quinquilharias, têm um valor real, dão

H.D.

prazer a pessoas reais? Se ardermos com o êxtase de novas possessões espirituais, será que eles se voltarão feito uma criança, quando já não o desejarmos, agarrando-se às suas posses, posses que ela própria rejeitou, mas que são nova e apaixonadamente desejadas quando enfim as possuímos?

Não sei, mas me sinto genuinamente indiferente ao seu vasto descaso, ao seu prodigioso alheamento. Na realidade, retribuo descaso com descaso. Meus pensamentos estão com um poeta!

Anacreonte é um dos poetas selecionados para a guirlanda de Meleagro, e é seu o poema dedicatório que prefacia a Antologia. Meleagro, o poeta-crítico, que dedicava flores a poetas, como um amante tentando encontrar uma oferenda à altura de muitas, embora singularmente diversas e jamais enfadonhas, senhoras, escolhe para Anacreonte a madressilva. Tamanha a oferenda que lhe faz o mais pungente crítico, poeta e amante dos poetas. Pela história, sabemos que ele nasceu numa pequena cidade da costa da Ásia menor, foi expulso pelas incursões dos persas, viveu como um aristocrata na corte do regente de uma ilha, em Samos, voltou a ter com os espíritos escolhidos de sua geração em Atenas e, regressando no fim da vida, morreu em sua cidade natal.

No entanto, o poeta se foi. Ainda que desejemos tocar sua mão, tornar sua humanidade tão importante quanto sua divindade, isso não é possível.

Eu teria gostado de tocar sua mão, de contar suas imperfeições, de dizer (para o exortar a um arroubo de refinado ardor poético), «Sim, tudo isso é certo, a poesia não é suficiente – o que importa é a humanidade – como o que está embaixo, assim são os deuses nas alturas, temos que descer sob a superfície das coisas – aprender, na humildade, a verdadeira grandeza». Ah – mas ele não teria deixado!

Ele se foi. Essa lenda pulula através dos antigos manuais, uma data, uma anedota, mas ele, ele próprio se foi. Ele se foi, cruel em sua imortalidade. Ele nos deixou – ele *me* deixou, e diante de mim, que dedilho este volume, há um caminho feito de pedrinhas brancas, uma orla estreita de mármore branco disposto em longos blocos de pedra, uniformes, delgados, graciosos, com curvas imperceptíveis, dois degraus, colunas tão pequenas, tão perfeitas.

Do outro lado da baía de ininterruptas águas azuis, há um som de flautas, ritmos delicados sobre um fundo de notas mais frágeis, mas igualmente distintas, num metro simples e perfeito, fácil de acompanhar, fácil de descobrir!

Suas colunas jônicas, erguidas contra o azul raso e escuro do início do crepúsculo, são um portal, um abrigo contra um perigo vindo de fora, indefinido, porém iminente, uma soleira para um jardim.

Pois a primavera chegou, é o que dizem suas palavras; arqueando nossas mãos ao redor do cálice de uma de suas rosas que desabrocham, nós vemos, ou *sentimos*, além, muito além da perfeição de suas inscrições, inscrições feitas para durar, mas como toda a beleza estática, pungentes no coração daqueles que as amam demais.

A primavera chegou. Vê como a garça voa, como o pato chega ao fim de sua jornada. Vê o bebezinho (nós o chamamos de Eros) sob a grande roseira branca. Uma abelha enorme picou seu dedo – uma surpresa estúpida, boba, adorável – ah – eis que ela desce para apaziguá-lo – a curva das costas brancas – as folhas da rosa branca, roçando o ombro suave!

Maiúsculas jônicas, lavadas pelo mel e a chuva branca – ouro, mármore e mel, e as tonalidades das uvas amarelas.

Sempre aquele bebê a quem chamamos de Eros – sempre as rosas – vermelhas e amarelas, e tons de creme e rosa-chá

– e a andorinha que irrompe do arbusto baixo de um loureiro-
-anão (cujas flores acabaram de entrar no estágio de botão) com uma melodia quase que insistentemente aguda demais, para combinar com o murmúrio distante e simples das cordas da lira.

Uma andorinha tão azul, com uma nota tão doce!

«Que não seja intensa a alegria», diz Eros, embora não saiba o que quer dizer. «A primavera chegou», diz Eros mais uma vez, mas uma primavera tão terna, tão gentil, tão gradual, insinuada com tão delicada sutileza, que jamais poderá partir.

O poeta é o mais terno dos amantes!

Nenhum conflito – nenhuma hesitação – nenhum gesto estranho ou grosseiro – apenas, em nossos ouvidos, esse único ritmo, baixo, insistente, incessante – em nossas mãos, folhas de rosa – em nossas mentes, a visão dessa deusa adorável e de seu taciturno bebê.

Sobretudo, nenhuma busca pelos grandes seres majestosos que, como disseram os filósofos, governam o universo. Ela, aquela que vimos, não era uma deusa nesse sentido, nem era uma mulher; uma flor é o que era e o que é! Os grandes que fiquem com seus cumes.

Tomilho crespo

Onde fala a voz grega, há rochas, mas essas rochas sicilianas de Teócrito, em particular as da vigésima *Bucólica*, da qual me ocupo diretamente, estão afundadas uma camada abaixo do solo fértil.[47] As rochas de Teócrito estão cobertas de terra, limo fértil e sucessivas camadas de folhas de carvalho abrasadas pelo sol, quebradas pelo sol, porém íntegras, folhas de caniço e capim espesso, inúmeras ervas e flores plumosas, empoeiradas, quebradas e secas, as ervas da bruxa, as folhas da vinha e as bagas murchas das uvas. Somente ao estudar essa superfície, madura, fértil, decadente apenas no sentido em que uma folha de julho quebradiça e abrasada pelo sol é decadente, é que entendemos a verdadeira qualidade dessas rochas... Gregas mesmo depois de arrancadas, sicilianas. Há camadas de rocha em Teócrito, e sob as rochas há fogo, sempre pronto a irromper, vulcânico, infernal, diriam alguns, se houvesse para os gregos outro inferno além da supressão, inibição e morte efetiva do corpo.

Tal é o mundo de Teócrito, tão diferente do de Eurípides quanto a terra negra da água límpida, da superfície das águas que reflete imagens dos olímpicos, espíritos puros, como se o sol lançasse cor e fogo, distintos, porém os mesmos, através daquele intelecto ateniense. Pois em Atenas há luz, e nunca se viu essa luz, nem em sonho, nem em visões, não a luz refletida nas poças da rocha, ou a luz do pico das montanhas. No Egito há ouro, há muito ar sem dúvida, morno, colorido e impregnado de ouro, na Assíria, na Fenícia, na Líbia, ouro de cima a baixo, há calor na Assíria; há cor por toda parte, mas há *luz* numa única cidade.

Contudo, há sombra em outros lugares. Há espaços de escuridão, cálidos, suaves e reparadores; uma escuridão que estende almofadas macias nas quais descansar, escuridão do sonho, da bruxaria, escuridão também do descanso, do júbilo, escuridão como a de uma cortina imensa contra a qual se postam as figuras de Teócrito, imagens brilhantes, vermelho e cor de ferrugem, preto-roxo, cabeleiras embaraçadas, pastores de cabras, cabra, menino e búfalo, e imagens divinas, desenhadas com a riqueza de um Rubens, concebidas não para nos atrair na direção do céu e seus encantos, mas para nos aproximar das coisas íntegras e passionais da terra.

Ela me odeia e eu transpiro de agonia, «feito a rosa e o orvalho», diz o garoto.

Já encontramos muitas vezes esse garoto. Nós o reconhecemos através de toda a literatura helênica. Enfadamo-nos com suas perfeições do século v; cansamo-nos dele, amigo e companheiro dos maiores, pupilo, essência do divino, incitando seu mestre à contemplação, por meio da repressão, do abstrato e do geométrico. Nós o vimos, alto e sereno, no banquete do antigo dramaturgo, Platão, um homem do mundo, ateniense e poeta. Nós o cultuamos, «estrela da manhã entre os vivos», mas todas as estrelas, todos os sóis, devem se pôr. Então o seguimos de novo, quase em segredo, até os jardins secretos das estâncias decadentes do subúrbio; nós o seguimos e outra vez o amamos quase em segredo. Até que enjoamos das rosas e da mirra e nos voltamos com alívio para os epigramatistas tardios, que fizeram dele uma marca da sátira causticante.

A sátira, o golpe mortal, pancadas de martelo retumbando sobre ossos já quebrados, ácido virulento para corroer a podridão, tem também seu golpe mortal, e afinal conhece a derrota. Pois quando um corpo é eliminado, sacrificado ou morto, surge um novo corpo, de indivíduos, nações, modos de pensamento, literaturas, de sentimentos ou emoções. Além da vida existe a morte, além da exuberância, a inevitável decadência. E além da morte existe a vida, velhas formas em novos contextos.

Usando como suporte esse garoto, uma figura tradicional de inspiração e júbilo, Teócrito alia a beleza ao escárnio da beleza pela primeira vez. O jovem camponês grego ama Eunica. Ele a conheceu na cidade. Nunca antes vira o vermelho e a cor-de-rosa misturados tão divinamente num rosto tão branco. Com a risadinha desdenhosa de Eunica diante de «seus lábios úmidos, mãos sujas e cheiro fétido»,[48] sentimos, numa leitura sutil e interna do poeta, não tanto o cheiro repulsivo da faxina dos estábulos, mas o do feno fresco e da greda recém-revolvida.

Na verdade, é da garota, Eunica, que divergimos. Não pela tirada rude que o garoto lhe dirige, não porque diz que «ela cuspiu, cochichou e se fez de vadia», mas porque a vemos, com nossos próprios olhos, de pé naquele pavimento esquálido (a Alexandria do período tardio de Teócrito), seu xale plissado manchado de poeira e rescendendo a mirra morta, as franjas esfarrapadas de sua roupa de baixo, cinzenta e sem brilho sob o sol do meio-dia, seus cachos tingidos de amarelo mostrando as marcas de um ferro excessivamente ambicioso, em contraste com cachos agrupados do garoto, abrasados pelo sol da Sicília.

A beleza e o escárnio da beleza se encontram. Olha, ele diz, eu sou um homem, não sou? Meu cabelo faz cachos como a flor do aipo, minhas sobrancelhas são negras e lustrosas, e outras frases tão, tão refinadas que ele usa, a salsa, o favo de mel, ineptos e fúteis, embelezam a descrição de seus próprios encantos.

O poeta escarnece da beleza, destruindo-a com uma mão e reerguendo-a com a outra. Nós o ouvimos tocar dois temas distintos numa flauta dupla. As garotas podem me largar, diz o garoto, que então se torna uma figura da sátira, comparando seus olhos estúpidos à beleza da deusa ateniense, mas sua música, ele diz, é doce, e nós sabemos que é verdade.

No fim desse idílio, o poeta deixa que o garoto toque para nós uma música suave, no entanto plena e madura, sob os grandes pinheiros varridos pelo vento, um tom abaixo, não as notas agudas da extática flauta dionisíaca, mas caniços, abundantes e calmos.

Aqui, os nomes que conhecemos e adoramos como estrelas distantes, que adoramos novamente nos templos e amamos sobre a terra, que amamos com excessiva familiaridade e dos quais nos cansamos, renovam-se para além de sua morte, uma renovação, uma nova vida. Pois a Cípria, estrela branca, conheceu Adônis na sombra dos grandes carvalhais, e, agarrando-se ao tronco rústico de um carvalho, ali chorou por ele, e a própria lua, branca e mortal cimitarra, uma simples donzela afinal, cansada, com pés desiludidos, ergueu-se sobre uma colina em Latmo.

Posfácio

O fruto robusto do amor
por Reuben da Rocha

Aquilo que a história chama de utopia são as vivências no tempo mítico registradas pelas pessoas inspiradas, os estados peculiares em que a transcendência exsuda da matéria comum, e a compreensão súbita, sem palavras, tem o gosto perplexo da simultaneidade de todos os fatos.

    Do ponto de vista de quem a vive ou experimenta, a utopia é a abertura de um amplo espaço interior. O corpo é tornado elétrico pelo ar correndo por entre as juntas, ossos, músculos, tendões, os vãos sutis insuflados pelo sopro entre a carne e os nervos, entre a pele e a carne; nesse lugar, a consciência é mais livre, alicerçada, alegre.

    São vivências dificílimas de partilhar pois, para que se possam comunicar, faz-se necessário que elas nasçam no interior de cada um. Eis o que significa a experiência pessoal da verdade. Quem jamais habitou esse espaço fora do tempo que é o tempo mítico é incapaz de preencher a máscara de um deus, mesmo que um pequeno jovem deus como um ventinho frágil, e resta-lhe apenas supor que seja algum tipo de teatro. Contudo, para aqueles que ao menos sentiram o cheiro da eternidade, os relatos dos inspirados servem de companhia, estímulo e, quando é o caso, orientação.

Vinculada a uma geração rica em almas aturdidas, abissais e confusas, curiosas, altaneiras e heroicas, Hilda Doolittle é inigualável. Com que precisão arrebatada, elegância limítrofe e vibrante beleza ela é capaz de anotar as fulgurações desmedidas de sua temporada na Grécia arcaica, a qual revive e vivifica a cada um de seus passos.

Ela transfigura o espaço por meio de certa disponibilidade total.

Por esse passeio a que ela nos convida, entre paragens cintilantes, templos desabitados e versos realmente mágicos, dá para saber que a poeta não exatamente se encontra diante da «cultura grega», mas participa de um festim sensível e redivivo de celebração, expresso no fervor da vivência íntima à qual a autora chama «pensamento», para logo em seguida ela própria melhor definir como «forma de vida integral».

Não creio possível situar os saborosos textos que as visões de seu êxtase nos legaram senão enquanto experiências pessoais com a verdade – aquilo que muito bem poderia ser chamado de religião verdadeira.

Nem consigo imaginar o quanto ela teve de sofrer para ser tão feliz.

O espírito cresce pelo entendimento da verdade. A beleza é apenas uma face no poliedro da verdade, e o regozijo é a participação de cada ser nessa aventura. Hilda Doolittle, ainda por cima, tem a doçura de revelar, da maneira mais didática possível, seu método para criar o espírito com o refinamento da substância erótica.

A meu ver esse método, consciente ou intuitivamente, se liga a uma longeva linhagem de cultivo energético ou trabalho interno. A arte de Cristo, Safo, Leonardo, Sócrates, Anacreonte ou Lo-Fu é um convite mais ou menos discreto para estados inigualáveis de completa comoção diante de tudo aquilo onde é o elemento telúrico que faz o espírito crescer.

Quando, no Evangelho de João, o galileu sugere que é preciso nascer da água e do espírito para entrar no Reino de Deus, ele está descrevendo o processo de transmutação da força sexual em clareza e amplitude de espírito, conforme é dito na alquimia interna chinesa. A água simboliza a essência erótica, a semente da vitalidade que, ao ser corretamente cultivada, gera o espírito. O baixo-ventre é a panela, ou a caldeira do trabalho espiritual, o centro energético onde o praticante deve recolher a consciência para estimular a vitalidade.

O ventre precioso é também conhecido por «Campo do Elixir», «Campo Florido» ou «Mar de Sopros», e o imortal Laozi, no *Dao De Jing*, lhe confere o nome de «Fêmea Misteriosa», havendo quem perceba, nessa terminologia, especial referência às qualidades espirituais da vagina ou do útero.

Cultivar o centro é o método para gerar o embrião de um novo corpo mais sutil. Por meio desse corpo refinado pode-se adentrar, no mundo presente, o Reino de Deus, o Templo de Afrodite, o espaço sem limites. Esse corpo novo gerado em si mesmo é o estado físico em que se encontravam Elias e Moisés ao visitarem o galileu para encorajá-lo antes da crucificação, e o corpo do próprio Cristo depois da ressureição. É o corpo de Babaji, o imperecível guru secreto, e de Zhang Sanfeng, o santo da realização infinita. E é o corpo que Hilda Doolittle vislumbrou nascer de si mesma, das águas-vivas de seu ventre.

Ele é o fruto robusto de seu inteiro, gracioso, dadivoso amor.

O lento, longo processo desse labor é descrito no Hexagrama 63 do *I Jing*, cuja imagem, uma imagem da mais ótima cooperação harmônica, diz Água sobre Fogo. Sua consumação pode ser vista ainda na vida de Husayn ibn Mansur al-Hallaj, o místico persa que, no êxtase da mais completa união, foi morto por afirmar «eu sou a Verdade», tal qual antes dele descrevera o apóstolo ao dizer «Cristo vive em mim».

Não é menos do que isso que é narrado, em nome próprio, com a medida de sua liberdade, completo compromisso e entrega, pela poeta H.D., enquanto pura comoção contemplativa sem aspirar à condição de lei.

Há uma escada ligando o sexo e a consciência por onde se pode subir e descer. O encontro gozoso genuíno de dois corpos em pura fusão amorosa é, também, o símbolo da esperança de que a harmonia possa florescer em cada um. Como são doces os gestos de esperança. A coluna vertebral é por onde se pode cavar o chão até chegar às estrelas.

Notas

1 *João* 10:1: «(...) quem não entra pela porta no redil das ovelhas, mas sobe por outro lado, é ladrão e bandido. Quem entra pela porta é pastor das ovelhas». *Bíblia – Novo Testamento – Os Quatro Evangelhos*, tradução de Frederico Lourenço. São Paulo: Companhia das Letras, 2017.
2 Estátua grega de bronze datada do ano 474 a.C., representando o condutor de uma quadriga de cavalos vencedor nos Jogos Píticos. Atualmente em exibição no Museu Arqueológico de Delfos. Cf. Imagem.
3 Isto é, Jesus de Nazaré.
4 O ano de 361 d.c. marcou a ascensão de Juliano, «o apóstata», conhecido como o último imperador romano de fé pagã. De acordo com a crônica do historiador bizantino Jorge Cedreno, Juliano teria organizado esforços para restaurar o Oráculo de Delfos à sua antiga glória. O oráculo, porém, teria se pronunciado uma última vez ordenando que o imperador não prosseguisse, pois «a voz da água se havia calado».
5 O episódio é mencionado em *Marcos* 5:35-43.
6 Trata-se do Gabinete Secreto, ou Museu Secreto, do Museu Arqueológico Nacional de Nápoles, que abriga uma coleção de arte erótica encontrada nos sítios de Pompeia e Herculano.
7 Platão, *Fédon* 69c.
8 Epítetos locais. *Éndendros* (Ἔνδενδρος), «dentro de uma árvore», ou ainda, «arbóreo», «protetor das árvores», «cujo templo é cercado por árvores», epíteto de Zeus em Rodes, segundo Hesíquio. *Ánthios* (Ἄνθιος), «florido», «floral», «primaveril», epíteto ático de Dioniso mencionado por Pausânias (1.31.4); o culto a esse «Dioniso das flores» é associado ao festival ateniense das Antestérias. Quanto a *Melios*, trata-se, provavelmente, de uma imprecisão ou criação da autora, já que a forma não é registrada. É possível que ela tivesse em mente *Zeus Meilíkhios* (Μειλίχιος), «feito de mel», «agradável», «doce», «propiciador», «que acolhe os sacrifícios expiatórios» (em que se usa mel). Esse epíteto designa uma qualidade ctônica ou subterrânea de Zeus, responsável por purificar crimes de sangue, segundo o testemunho de Pausânias (2.20.1), o que justificaria sua relação com a «terra negra», expressão eminentemente homérica. *Zagreu* (Ζαγρεύς) ou Dioniso Zagreu, ou «primeiro Dioniso», ou «Dioniso ctônico», designa, por fim, uma divindade complexa associada aos cultos órficos. Segundo a versão preservada, entre outros, por Nono de Panópolis, trata-se do filho de Zeus e Perséfone que é morto pelos titãs e

ressuscitado sob a forma de Dioniso. Essa versão do mito é conflitante com aquela segundo a qual Dioniso seria filho de uma mortal, Sêmele.

9. Páfia («nativa da ilha de Pafos») e Afrogênia («nascida da espuma»), epítetos da deusa Afrodite. A passagem remete a um epigrama atribuído a Platão e preservado na *Antologia palatina* (6,1), aqui em tradução de José Paulo Paes: «Eu, a Laís que altiva riu da Grécia, eu que tive outrora/ amantes jovens em penca à minha porta,/ dedico a Afrodite este espelho, pois não me quero ver/ como sou e não me posso ver como era», cf. *Poemas da antologia grega ou palatina*, seleção, tradução e notas de José Paulo Paes. São Paulo: Companhia das Letras, 1995, p. 23.

10. Meleagro, poeta nativo de Gadara (atual Jordânia), que viveu no século I d.C. Ficou célebre por sua *Guirlanda*, vasta coleção de epigramas de diferentes autores, que recuava até o período arcaico e que formaria a base da *Antologia grega*.

11. Destinatárias de epigramas eróticos de Meleagro.

12. Na edição em inglês do texto, Anne Janowitz afirma que esta é uma alusão a *Êxodo* 28, onde Deus instrui Aarão a inscrever numa tábua de ouro: «Dedicado ao senhor». (H.D., *Notes on Thought and Vision*. São Francisco: City Lights, 1982, pp. 71-72). Contudo, a passagem bíblica não menciona um ramo dourado. No contexto dos estudos da Antiguidade, essas «tábuas de ouro» [*golden plates*] remetem diretamente às tábuas órficas, lâminas de ouro encontradas em sepulturas de iniciados que traziam gravadas instruções para a alma no além-vida. O «ramo» ou «galho de ouro» [*golden branch*] também parece remeter à descida de Eneias aos ínferos no livro 6 da *Eneida*, em que ele deve portar um ramo de ouro para atravessar o submundo. No poema de abertura da *Guirlanda*, preservado na *Antologia grega* (4,1), Meleagro atribui uma flor a cada um dos poetas reunidos, referindo-se aos poemas de Platão como o «ramo dourado (*khrýseion klôna*) sempre divino de Platão, resplandecendo de virtude» (tradução nossa). Alguns estudiosos, como Boris Kayachev, veem nisso uma alusão ao ramo de Eneias e uma possível alusão às tábuas órficas. A. S. F. Gow e D. L. Page, *The Greek Anthology, Hellenistic Epigrams*. Cambridge: Cambridge University Press, 1965; e Boris Kayachev, «The So-Called Orphic Gold Tablets in Ancient Poetry and Poetics», *Zeitschrift für Papyrologie und Epigraphik*, 180, 2012, pp. 17-37.

13. Possível alusão a *Jó* 38:16.

14. O mito de Órion aparece na literatura grega desde Homero e Hesíodo. Descrito como um gigante capaz de caminhar sobre as águas graças ao dom de seu pai, o deus Posídon, Órion serviu o rei de Quios até ser expulso da ilha acusado de violentar a filha do rei. Órion enfim

parte para Delos ou Creta, onde se torna companheiro de caçada da deusa Ártemis. Há muitas versões para sua morte, e a que parece estar em jogo aqui é aquela preservada por pseudo-Higino no tratado *Da astronomia* (2.34-35). Segundo essa versão, Ártemis, aqui chamada de Diana, amava Órion e desejava casar-se com ele. Apolo, irmão da deusa, teria tentado dissuadi-la sem sucesso e resolveu então enganá-la. Ele a desafiou a acertar uma flecha num objeto que se movia no mar, e Ártemis disparou sem saber que era Órion que nadava entre as ondas. Quando seu corpo é trazido até a costa, as lágrimas de Ártemis o transformam numa constelação de estrelas. Outras versões contam que Órion teria tentado violentar Ártemis, ou que teria se gabado de poder matar qualquer criatura gerada pela terra, sendo então morto por Ártemis ou por um escorpião enviado por Gaia.

15 Em seu tratado Sobre a natureza dos deuses (3.58), Cícero menciona a existência de quatro Dionisos, cada um com uma origem distinta. O quarto, celebrado nos cultos órficos, seria filho de Júpiter e da Lua [Iove et Luna], cujo nome grego é Selene. A narrativa tradicional evocada por H.D., no entanto, apresenta Dioniso como filho de Sêmele. A menção a Selene, portanto, pode indicar de igual modo uma criação poética ou uma eventual imprecisão por parte da autora. Segundo a versão do mito preservada por pseudo-Apolodoro, Ovídio e outros, Sêmele, princesa tebana amante de Zeus, é convencida por Hera a pedir que o deus que se apresente sob a forma como costumava unir-se à sua consorte divina. Zeus surge então diante de Sêmele como o deus do trovão, em plena glória, e Sêmele é fulminada. Como ela estava grávida, Zeus toma a criança de seu corpo morto e a costura em sua própria coxa para terminar de gestá-la. Da coxa de Zeus nascerá Dioniso, único deus gerado por uma mortal.

16 Segundo relata em *Tribute to Freud*, H.D. teve um sonho aos dezoito ou dezenove anos no qual via um altar de pedra com um cardo e uma serpente entalhados. Na sua primeira viagem à Europa, H.D. visitou uma galeria no Museu do Louvre onde encontrou uma coleção de anéis helenísticos com sinetes elaborados. Num deles, viu a representação exata de seu sonho: a serpente erguida à direita e o cardo à esquerda. Quando inicia sua análise com Sigmund Freud, o tema do cardo e da serpente ressurge, nas palavras da própria H.D., como um *Leitmotiv* para o trabalho analítico.

17 A fórmula aparece em *Salmos* 1:3 e *Jeremias* 17:8.

18 Imprecisão da autora. A dinastia Ming compreende o período entre 1368 e 1664 d.C. A figura de Lo-Fu parece ser inteiramente ficcional, embora a cena tenha contornos tradicionais.

19 Em grego, *diadoúmenos*, «rapaz de cabelos cingidos», escultura atribuída a Policleto (séc. v a.C.), representante do classicismo escultórico. Cf. Imagem

20 Alusão a *Mateus* 13:45-46: «(...) semelhante é o reino dos céus a um mercador que busca boas pérolas. Tendo encontrado uma pérola de grande valor, vende tudo o que tem e compra a pérola.» Cf. *Bíblia – Novo Testamento – Os Quatro Evangelhos*, tradução de Frederico Lourenço. São Paulo: Companhia das Letras, 2017.

21 Dessa forma Meleagro de Gadara refere-se à poesia da Safo no proêmio da sua *Guirlanda*, aqui em tradução nossa: «Amada musa, a quem levas esta canção plena de frutos?/ Quem é esse que erigiu esta guirlanda de poetas?/ Quem a fez foi Meleagro, para o ilustre Diocles,/ com afinco trabalhou nesta prenda dadivosa/ entretecendo os muitos lírios de Ânite, de Miro/ as açucenas, e as [flores] de Safo, que são poucas, mas são rosas.»

22 Fragmento 57 de Safo. A numeração dos fragmentos de Safo, exceto quando indicado de outro modo, segue a edição de Eva-Maria Voigt, *Sappho et Alcaeus, Fragmenta*. Amesterdã: Polak & Van Gennep, 1971.

23 Fragmentos citados: 26, 129a, 129b, 49 Edmonds (o texto deixou de ser atribuído a Safo, estando ausente da edição de Voigt) e 160.

24 Fragmentos citados: 163, 38, 113, 82a e 91.

25 Fragmento 56.

26 Alusão ao fragmento 168.

27 Alusão aos fragmentos 101 e 46.

28 Girolamo Savonarola (1452-98), frade dominicano nascido em Ferrara, célebre por seus discursos inflamados nos quais condenava a arte pagã e a licenciosidade das mulheres. Foi diretamente responsável por diversas queimas de livros antigos e de conteúdo erótico.

29 Fragmento 142. O texto traz uma imprecisão de H.D., que grafa "Leda" em lugar de "Leto".

30 Fragmento 131.

31 Referência ao grupo de estatuetas de terracota encontradas nas ruínas da antiga cidade grega de Tânagra, na Beócia, retratando jovens aristocráticas.

32 Cleis é mencionada nos fragmentos 132 e 98b.

33 Gorgo é mencionada no fragmento 144.

34 Ródope, em grego, *Rhodôpis*, «semelhante à rosa», «de face rosada». Segundo conta Heródoto em suas *Histórias* (2, 135), Ródope era uma cortesã que vivia no Egito, célebre por sua beleza, por quem o irmão de Safo teria se apaixonado. Caraxo, como era chamado, teria pagado um alto preço pela alforria de Ródope, sendo por isso censurado por Safo em sua poesia. Outros testemunhos, como o de Posídipo, contradizem Heródoto, sugerindo que o poema perdido fosse uma "ode amigável", e não uma censura. Possíveis alusões à história podem ser encontradas no fragmento 5 e nos fragmentos

7 e 15 (nos quais supõe-se que o nome «Dórica» faça referência a Ródope).

35 Alusão ao epitáfio de Ésquilo (c. 525-456 a.C.), primeiro tragediógrafo do cânone ateniense. Escrito provavelmente séculos depois da morte do poeta e preservado numa *Vida de Ésquilo* anônima, o epitáfio diz, em tradução nossa: «Esta tumba cobre Ésquilo de Atenas, filho/ de Euforiono, caído em Gela de trigo fértil./ O campo sacro em Maratona fala da sua célebre força/ Que o medo de longos cabelos também conhece.» É notório o fato de que não haja nele qualquer menção à sua poesia.

36 As citações a seguir provêm de Pausânias, do livro 3 da *Descrição da Grécia*, dedicado à região da Lacônia.

37 Festividade anual de culto a Jacinto, jovem espartano mítico amado por Apolo e Zéfiro, o vento oeste. Este, ardendo de ciúmes ao ver que Apolo praticava com Jacinto o lançamento de disco, soprou sobre eles uma forte ventania, fazendo com que o disco atingisse a cabeça de Jacinto e o matasse. Do sangue do rapaz morto, Apolo fez nascer a flor que leva seu nome. O festival é mencionado, dentre outros, por Ovídio (*Metamorfoses* 10, 162 em diante), Heródoto (*Histórias* 9.6) e Pausânias (*Descrição da Grécia* 3.10 e 4.19).

38 Célebre epigrama fúnebre recolhido na *Antologia grega* (7, 249) e atribuído a Simônides de Cós (séculos VI-V a.C.), dentre outros, por Cícero (*Discussões tusculanas* 1, 101). Atualmente, a atribuição é considerada espúria. A principal fonte do texto é Heródoto (*Histórias* 7.228), que não menciona sua autoria.

39 Cálamis (século V a.C.), escultor grego do estilo severo, cujas obras são mencionadas por Pausânias (1.3.4); e Escopas de Paros (século IV a.C.), escultor do classicismo tardio.

40 Referência à liga dos eleuterolacônios («lacônios livres»), cidades submetidas a Esparta no tempo de Pausânias e que foram libertadas por Augusto em 21 a.C.

41 O texto em inglês traz «Atlanta», um provável deslize tipográfico.

42 Pausânias, *Descrição da Grécia* 1.19.2. Há dois mitos a respeito do nascimento de Afrodite que concorrem nos textos gregos. Afrodite Celestial ou Urânia é a deusa nascida da emasculação de Urano (ou Céu) por seu filho Cronos. Conforme a versão de Hesíodo (*Teogonia* 188-206), o membro decepado de Urano foi atirado ao mar, onde, estimulado pelo balanço das ondas, produziu a espuma de que nasceu Afrodite. Opõe-se a ela Afrodite Mundana ou Pandêmia, filha da união de Zeus com Dione. No *Banquete* de Platão (180d-e), Pausânias atribui a cada deusa um domínio próprio: Afrodite Urânia, a mais velha, presidiria os amores elevados; e Afrodite Pandêmia, a mais jovem, os amores e prazeres sensuais.

43 Pausânias, *Descrição da Grécia* 2.1.7. As citações a seguir provêm do livro 2, dedicado à região de Corinto.

44 Pausânias, *Descrição da Grécia* 3.4.1.

45 Editora alemã que entre 1841 e 1955 publicou edições de bolso de textos gregos no idioma original.

46 Portão monumental de mármore que dá acesso à acrópole.

47 O *Idílio* 20 de Teócrito (século III a.C.) trata do amor de um boieiro por uma mulher citadina, que o rejeita com escárnio: «Eunica riu do meu desejo de abraçá-la docemente/ e com escárnio disse assim: 'Sai de perto daqui./ Tu, um mísero boieiro, queres me beijar? [...] Teus lábios são infectos, tuas mãos, cheias de terra,/ e teu cheiro é ruim. Afasta-te daqui, antes que manches a mim» (1-10). O pastor se defende orgulhoso, afirmando sua beleza e recordando histórias de amor entre deusas e homens do campo: «Pastores, dizei-me a verdade: não sou belo? [...] E é doce a minha música, quer a toque na siringe,/ ou faça vibrar o aulo, o caniço, ou a flauta transversa./ Para as mulheres das montanhas sempre pareço belo,/ e elas todas me beijam. Porém essa, da cidade, não me quis. [...] Não sabe ela que a Cípria enlouqueceu por um boieiro/ e pascentou manadas com ele sobre as montanhas frígias?» (19-35, tradução nossa). Além de Afrodite, o pastor recorda os amores de Reia por Átis, de Zeus por Ganimedes, e de Selene por Endimião, e termina escarnecendo de Eunica, que se crê superior às deusas. E conclui: «Durma ela a noite toda sozinha» (45). Neil Hopkinson (ed.), *Theocritus, Moschus, Bion*. Cambridge/Londres: Harvard University Press, 2015.

48 H.D. parece aludir à tradução de J. M. Edmonds para o trecho: «your lips are wet, and/ your hands black, and you smell rank» [«teus lábios são úmidos, e/ tuas mãos, negras, e teu cheiro, fétido»]. J. M. Edmonds (Ed.), *The Greek Bucolic Poets*. Cambridge: Harvard University Press, 1919.

POUR PARLER

1 Marina Garcés
  O tempo da promessa
2 Giorgio Agamben
  Coisas que vi, ouvi, aprendi...
3 H.D.
  Visões e êxtases